# TABLEAU POLITIQUE

## DE L'EUROPE.

IMPRIMÉRIE DE J. SMITH.

# TABLEAU POLITIQUE

## DE

# L'EUROPE

## AU COMMENCEMENT DE L'AN 1821;

## Par M. MALTE-BRUN.

EXTRAIT DES NOUVELLES ANNALES DES VOYAGES, DE LA GÉOGRAPHIE ET DE L'HISTOIRE.

## PARIS,

### LIBRAIRIE DE GIDE FILS,

RUE SAINT-MARC-FEYDEAU, N° 20.

1821.

# TABLEAU POLITIQUE

DE

# L'EUROPE,

AU COMMENCEMENT DE L'AN 1821;

PAR M. MALTE-BRUN.

———

Ils n'ont été que trop réalisés, ces sinistres pressentimens qui rembrunissoient notre *Tableau de l'Europe* pour l'an 1820. Nous avions à peine posé la plume, et déjà ils commençoient à s'accomplir. Les peuples et les rois, dédaignant ces principes de droit que nous réclamions, cherchent toujours ce pouvoir absolu et arbitraire, cette souveraineté illégale et injuste que nous avions condamnée; les uns ne respectent pas les légitimités nationales, les autres ont en haine les droits légitimes du trône; tous en appellent à la force; dans les plus belles parties de l'Europe, les partis politiques sont plus que jamais engagés dans une lutte funeste qui semble devoir entraîner à sa suite une guerre générale entre les états, et qui déjà dégénère en guerre civile. Le droit constitutionnel, seule garantie de la paix intérieure, le droit international, seule base de la paix extérieure, n'ont reçu aucun perfectionnement, aucune consolidation. Tant de prétendus amis des peuples continuent à rêver à leurs théories d'égalité, de représentation par masse numérique, de liberté sans priviléges politiques, de subdivision à l'infini de la propriété et de pactes constitutionnels, arrachés à la foiblesse par la force ! Tant de prétendus hommes d'état ne savent pas faire connoître aux souverains les besoins si manifestes et si urgens des nations, ne déploient aucune activité dans l'établissement des constitutions promises ni dans l'organisation des chartes déjà données, et ne semblent pas même penser à fixer, par des traités précis, ces généreux principes d'un droit commun européen qu'avoit proclamé la Sainte-Alliance.

Une année de perdue pour l'organisation sociale est un siècle de gagné pour l'anarchie.

Ce n'est pas assez qu'on ait négligé de faire le bien, on a encore augmenté la masse du mal.

L'*Espagne* et *Naples* ont adopté un code de démocratie royale qui réduit le roi au rôle d'un doge, qui détruit le pouvoir nécessaire de l'aristocratie, qui tend à dissoudre la grande propriété et à éteindre l'esprit de famille. L'exemple d'une organisation sociale aussi extravagante fournit aux amis de la monarchie absolue des argumens contre la cause de la liberté; argumens d'autant plus spécieux que, sous la soi-disante constitution des cortès, le parti dominant exerce une autorité aussi despotique qu'aucun des souverains illimités.

Ces deux révolutions, quoique rapprochées par la même folie dans les théories, diffèrent immensément par leurs causes, leur marche et leurs résultats probables.

L'*Espagne* étoit incontestablement dans une situation très-malheureuse et très-propre à provoquer une révolution. Ferdinand VII, qui avoit avec raison rejeté la constitution décrétée par les cortès de Cadix en son absence, avoit été mal entouré dès sa rentrée, et n'avoit rien fait pour consolider la monarchie ébranlée. Au lieu de convoquer les cortès légitimes du royaume, et de rétablir la constitution de l'Espagne, en l'adaptant aux besoins du temps (chose assez facile, puisque les Espagnols éclairés se seroient contentés des bases de la constitution *joséphine*, promulguée à Bayonne), il essaie de gouverner avec un pouvoir absolu cette nation généreuse, retrempée dans le malheur, et qui, en combattant Napoléon avec l'aide des Anglois, s'étoit souvenu qu'elle avoit jadis été aussi libre que l'Angleterre. Encore si ce pouvoir absolu eût été stable et uniforme! Mais les ministres et même les conseillers secrets qui composoient la *cama-rilla* ou le cabinet particulier du roi, changeoient de mois en mois, quelquefois plus vîte encore, et, en sortant du palais du monarque, ils étoient traînés en prison ou envoyés en exil. Ces révolutions de cour donnoient naturellement l'idée des révolutions militaires. Les tentatives de Porlier, de Lacy, de Mina et d'autres moins célèbres, n'avoient d'autre but de la part de leurs chefs que de s'emparer de la capitale et de la personne du roi, pour régner en son nom, comme avoient régné les Macanaz, les Lozano, les d'Alagon. La masse de la nation y restoit indifférente, et les soldats n'étoient mis en mouvement que par un petit nombre d'officiers, habiles à saisir les momens où la solde étoit arriérée, où les guerriers de l'Espagne étoient réduits à mendier dans les rues; et, grâce au mauvais état des finances, ces momens n'étoient pas rares. Les chefs militaires avoient assez de bon sens pour chercher à intéresser un certain nombre de négocians, de fabricans, de cultivateurs, et surtout d'anciens soldats de *guérilla's*, dans leurs entreprises; et quel drapeau d'union pouvoient-ils arborer avec plus d'espoir de succès que la constitution des cortès de Cadix? Elle flattoit la classe commerciale et les gens de loi; elle n'étoit pas restée en vigueur assez long-temps pour faire sentir ses inconvéniens; proclamée par l'autorité qui gouvernoit l'Espagne pendant la guerre contre l'u-surpateur, elle sembloit s'identifier avec la gloire et l'héroïsme national. Enfin, et c'est là l'essen-tiel, toute constitution, la plus mauvaise, la plus absurde, devient une arme, un signe de rallie-ment, un drapeau d'union contre un gouverne-ment absolu et arbitraire.

C'étoit donc une faute bien funeste du cabinet de Madrid, de ne pas opposer au souvenir des cortès de Cadix le nom des cortès légitimes qu'on auroit dû réunir à Madrid, de ne pas promulguer une charte monarchique sage et juste, pour ôter au mot *constitution* ce pouvoir magique avec le-quel il fait vibrer les cordes les plus nobles de tous les cœurs.

Mais les favoris des rois, plutôt que de laisser exposer au grand jour leurs dilapidations, leurs intrigues, leur ineptie, aiment mieux jouer la cause de la légitimité dans les terribles chances des révoltes et des émeutes.

Ceux de Ferdinand VII, se fiant sur la longue apathie de la masse du peuple, avoient, avec une excessive imprudence, réuni près de Cadix et retenu sous les armes pendant neuf mois un corps d'armée nombreux, destiné à une expédi-tion contre les provinces insurgées d'Amérique, mais dont le défaut de bâtimens de transport, de vivres, de munitions et d'argent rendoit le départ impossible. Les chefs militaires, ennemis du système de la cour, s'aperçurent facilement que cette réunion de soldats peu contens près d'une grande ville maritime et commerciale, près d'une position inexpugnable comme celle de l'île de Léon, leur présentoit une occasion unique pour exécuter presque à coup sûr les plans dans lesquels Porlier et Lacy avoient mal réussi. La conjuration, formée dès le mois de novembre 1819 (1), éclata le 1er janvier 1820 ; et telle étoit l'indifférence du plus grand nombre, telle étoit l'incertitude même du militaire, telle étoit la foiblesse des moyens dont les chefs pouvoient disposer, que l'insurrection n'atteignit la capitale que le 7 mars. Pendant deux mois, le prudent *Quiroga*, aidé par *Aguero* et *O'Daly*, étoit resté dans l'île de Léon, bloquant Cadix d'un côté et lui-même observé par les généraux de la cour ; pendant deux mois, l'audacieux *Riego* avoit parcouru en partisan les montagnes de Ronda et de Grenada, sans pouvoir s'établir nulle part. Mais, pour faire tomber le foible gouvernement de la *camarilla*, il suffisoit qu'une mince force militaire se maintînt en insurrection assez long-temps pour donner le temps aux autres foyers révolutionnaires d'éclater. Dès que le peuple vit de tous les côtés des hommes armés, quoiqu'en nombre infiniment petit, braver sans danger un gouvernement

(1) Lettre de Riego à Quiroga, dans *l'Universal*.

auquel personne ne tenoit, il se fit une fête
d'illuminer les croisées, de danser autour de la
colonne constitutionnelle, de crier *Vivent les
cortès*, et d'applaudir les *juntes* ou comités insurrectionnels auxquels les autorités royales cé-
doient la place sans résistance.

La révolution, qui n'étoit que le résultat de
l'extrême foiblesse du gouvernement, prit un
tout autre caractère dès que les nouveaux cortès,
s'étant réunis, eurent organisé la constitution.

Nul doute que ce code politique, enfanté au
milieu des embarras d'une situation extraordinaire, pendant la captivité du roi et en présence
des armées de Napoléon, ne soit une monstruosité
en politique. Les cortès de Cadix avoient obéi à
l'impulsion des circonstances les plus contradictoires; pour opposer un principe énergique à
l'usurpation de Joseph et aux abdications si peu
courageuses de Bayonne, ils avoient proclamé la
souveraineté populaire; pour flatter la multitude
des Espagnols, et surtout les paysans des *guérilla's*
et les moines, leurs chefs, ils avoient consacré
la domination exclusive de la religion catholique;
enfin, pour obvier à tous les effets qu'auroit
pu avoir un arrangement entre Napoléon et Ferdinand, arrangement conseillé au chef de la
France par d'habiles hommes d'état, ils avoient
dépouillé la couronne de ses prérogatives les
plus nécessaires qu'ils avoient transférées aux

cortès et à un conseil d'état inamovible. Les législateurs de Cadix avoient certainement trop d'esprit pour ne pas connoître les défauts de leur ouvrage. Si le roi Ferdinand, en 1814, leur eût proposé les deux chambres, le *veto* royal et quelques autres modifications nécessaires, ils y auroient probablement prêté les mains; mais, en 1820, revenant victorieux à Madrid, après six ans de persécutions cruelles, sortant de l'exil, des cachots et des chaînes pour être les tuteurs d'un roi humilié, qui pouvoit s'attendre à les voir circonscrire leur pouvoir et reconstruire la royauté, aux dépens de leur propre autorité? Le prétendu *honneur* s'y opposoit; *honneur* qui, en France, est synonyme avec vanité et faveur, l'est en Espagne avec orgueil et vengeance. On devoit donc s'attendre à voir les cortès se réserver toute l'immensité du pouvoir à peu près souverain que la constitution leur attribue; on devoit s'attendre à les voir, en se fondant sur l'interprétation la plus rigoureuse de cette loi fondamentale, déclarer nul, sauf confirmation, tout acte de gouvernement depuis 1814 jusqu'au 7 mars, traiter en rebelles ceux qui avoient provoqué l'annullation de la constitution, et n'excepter le roi lui-même de cette accusation, que parce que la loi le rend inviolable. Loin de se reprocher de la sévérité, ils s'accusent eux-mêmes d'une indulgence extrême; les ministres de Ferdinand, depuis 1814 jusques en 1820, sont, selon eux, autant de criminels auxquels ils font grâce; et, d'après ces principes, journellement inculqués à la nation, leur conduite paroît dans la double auréole de la fermeté et de la clémence.

Personne ne peut nier que cette conduite a son avantage en politique. Quand on veut régner, il faut se montrer bien convaincu qu'on en a le droit. Les cortès croient très-fermement à la légitimité de leur pouvoir; c'est une garantie, une force morale qu'ils ont de plus que beaucoup de princes.

Les cortès ont encore cherché à saisir un autre avantage de leur position. Succédant à un gouvernement désorganisé, ils ont hâté, par tous les moyens, l'organisation de toutes les branches de l'administration et de tous les pouvoirs sociaux dans l'intérêt de leur propre conservation. La constitution, à quelques égards si démocratique, se prête merveilleusement, comme tous les systèmes de démocratie abstraite, à l'établissement du pouvoir absolu et arbitraire entre les mains d'un parti dominant. Les élections, grâce aux quatre degrés, peuvent être dominées en définitive par un petit nombre d'hommes actifs et habiles : cette oligarchie révolutionnaire se perpétuera donc comme majorité légale dans les cortès; et, jusqu'à ce que la discorde ou la maladresse ait brisé le talisman, les chefs du parti libéral, avec une très-foible force numérique , resteront despotes au nom de la loi. Les *ayuntamiento* ou municipalités possèdent ou du moins s'arrogent un très-grand pouvoir local , jusques à mettre en mouvement les gardes nationales et à éloigner les individus suspects de sentimens contre-révolutionnaires. Ces autorités sont peuplées de petits bourgeois et d'artisans , conduits par quelque avocat, négociant ou littérateur bien *patriote*. Les places sans pouvoir réel sont , au contraire , données, comme par dérision , aux hommes de l'ancien régime. Ainsi un cordonnier ou un épicier , membre du corps municipal de Madrid, donne des ordres souverains au duc de Medina-Celi, nommé commissaire de police de quartier. Les chefs militaires de la révolution sont investis de plus hauts grades et des commandemens les plus étendus ; mais ils sont tour à tour surveillés ou soutenus par des *chefs politiques* ou intendans auxquels la révolution peut également se fier. Par exemple , le laboureur Mina , devenu général commandant de la Galice , a près de lui l'habile et vigilant Agar. Sous un prétexte honorifique , l'ardent Riégo est envoyé loin de son ancienne armée. L'activité qu'on met à organiser la garde nationale , quoiqu'il n'y ait pas ombre de probabilité pour une attaque étrangère, prouve évidemment que le parti libéral *civil* a prévu et prévenu autant que possible le danger d'un refroidissement du parti libéral *militaire*. Pour paralyser toute tentative secrète du roi de s'affranchir du joug qui lui est imposé, les cortès ont, non seulement un ministère dévoué à leur cause, mais, ce qui vaut bien mieux, trois institutions d'une force vraiment redoutable, cette *députation permanente* qui peut, comme l'*éphorat* de Lacédémone, suspendre la royauté même et convoquer la représentation nationale, ce *conseil d'état* permanent qui, à l'instar de l'aréopage, prend connoissance préalable de toute proposition de loi, et ce *tribunal politique suprême* qui, semblable aux inquisiteurs d'état de Venise, tient le glaive suspendu sur les têtes les plus puissantes.

Voilà ce que les cortès ont organisé dans une seule session de quatre mois.

Sans doute des méprises et des contre-sens nombreux sont inséparables d'une organisation aussi rapidement achevée, sous la dictée de l'enthousiasme et de l'esprit de parti. Tous les jours, les feuilles du *parti joséphin* et du *parti ultrà-libéral* se lamentent sur ces fautes, qui, selon elles, mettent le système constitutionnel en danger de périr; on crie que les *serviles*, c'est-à-dire les amis de l'ancien ordre des choses, en déguisant légèrement leurs sentimens, se glissent dans toutes les autorités, où ils paralysent l'ardente activité des *patriotes*; on entend des plaintes sur l'avidité de nouveaux employés, que la faveur ministérielle a élevés; on demande aux ministres s'ils ne sont revenus des galères que pour rétablir les anciens abus au profit de leurs protégés. On a vu éclater hautement ces dissentimens. A Madrid, un alcade, après avoir dispersé, par ordre du gouvernement, les clubs politiques, dépose son écharpe, et, en qualité de citoyen, déclare qu'il agit contre sa conviction personnelle ; aussi les clubs se reproduisent bientot sous d'autres formes. A Sarragosse, sur la délation d'un fruitier, une dame de la plus haute distinction est traînée en prison, parmi les cris de joie d'une populace *sans-culotte;* mais le parti libéral-modéré réunit ses forces, elle est renvoyée d'accusation, ramenée en triomphe au milieu des fanfares militaires, complimentée par toutes les autorités; on illumine la ville, les cloches sonnent, et des colombes blanches sont lâchées pour porter à toute l'Espagne cette nouvelle écrite sur des billets qu'on a suspendus à leurs cous avec des rubans verts. Partout, les prisonniers nombreux sont un objet des inquiétudes populaires; on accuse les autorités de ne pas les garder avec soin ; un groupe se forme devant la maison de la commune; on crie, on hurle, on mugit; aussitôt des *juntes* sont nommées parmi les ardens révolutionnaires pour inspecter les cachots. Enfin, les républicains purs et simples ne craignent pas de se montrer; ils réclament la démocratie absolue comme la conséquence rigoureuse des principes de la constitution sur la souveraineté et l'égalité; leur consistance les rend redoutables malgré leur petit nombre.

Le parti *servile* se réjouit en secret de cette désunion de ses adversaires; il fait déplorer, par ses partisans déguisés, le peu de progrès du *patriotisme*, puisque, dit-il, sur dix Espagnols, on trouve à peine un *libéral* contre deux *serviles* et sept indifférens; il répand les nouvelles alarmantes, comme par exemple la marche des armées d'invasion; et, comme la presse n'est libre que de nom, tout ce qu'on ne trouve pas dans les journaux, fût-ce la chose la plus chimérique, est accueilli avec faveur. Enfin, les *serviles* se déguisent même en patriotes exagérés, en antagonistes de la religion, et c'est alors qu'ils embarrassent le plus le gouvernement; censeurs impitoyables de toute mesure inconstitutionnelle, ils entravent la marche des autorités; propagateurs des doctrines hostiles contre l'épiscopat, ou tendantes à un schisme avec Rome, ils épouvantent toute la classe nombreuse dominée par le clergé. Mais la circonstance qui trahit le plus la force du parti anti-constitutionnel et la foiblesse de l'administration, c'est que des bandes, ou *guérillas*, se forment, se montrent, et se dispersent sur tous les points du territoire, sans que le gouvernement en puisse ou en ose saisir le fil conducteur, et sans que les individus arrêtés, et même condamnés, subissent leur supplice. Les mouvemens perpétuels de la *junte apostolique*, en Galice; le massacre du 10 mars à Cadix; les complots de Burgos et d'Avila; les démonstrations, évidemment hostiles au parti des cortès, que les gardes-du-corps se sont permises dans la résidence même, semblent autant de preuves de l'existence d'une opposition active et énergique, liée à de grands intérêts, capable de conspirer à son tour, les armes à la main, et qui, peut-être, seroit sûre de réunir à ses drapeaux la majorité de la nation, si les chefs, moins bigots et moins serviles, adoptoient le mâle langage de *Vinuesa* (1), et déclaroient ouvertement « qu'ils « ne veulent pas plus d'une *camarilla* despotique « et corrompue, que des cortès tyranniques et « orageux. »

De ces faits, choisis entre mille, il résulte, sans contredit, que le gouvernement et l'administration de l'Espagne n'ont encore qu'une organisation foible; mais toujours cette organisation est complète, elle est uniforme, elle présente le cadre où toutes les forces de tous les partis constitutionnels se classeroient dans le cas d'une contre-révolution ouverte ou d'une invasion étrangère.

La seule cause donc qui pourra renverser en tout ou en partie le système des cortès, c'est la lutte intérieure que le développement de ce sys-

_______________

(1) *Grido d'un verdadero Espannol.*

tème doit, à la longue, faire naître entre les intérêts permanens de la société.

Cette lutte est inévitable, mais elle n'est pas aussi prochaine que l'imagine le respectable enthousiasme de quelques amis de la monarchie. La révolution espagnole, ayant blessé des intérêts permanens de la société, doit amener les discordes, la guerre intérieure, la dissolution ou la régénération violente de l'état; mais ces calamités, dont la France a été si promptement frappée, sont ici retardées par des circonstances particulières.

D'abord, le caractère national des Espagnols offre de grandes ressources pour éloigner les excès de la révolution. Circonspect, calculateur, et même dissimulé, l'Espagnol révolutionnaire ne se laisse pas facilement entraîner à des mouvemens qui auroient pour but d'aller au-delà du système constitutionnel, actuellement adopté; il attend patiemment les effets que produira le *code sacré* (*el codigo sagrado*); il exprime les plus violens mécontentemens dans un langage mesuré, il a le noble orgueil de donner au monde l'exemple d'une révolution sans calamités.

Il faut ajouter que l'Espagnol, plus frugal, plus à l'abri des séductions, plus réellement indépendant que le François, possède encore une heureuse indifférence pour tout ce qui ne touche pas directement les intérêts de sa patrie. Il n'ira pas inviter les peuples étrangers aux rebellions; il ne lancera pas des décrets contre les trônes, et, libre de la vaine prétention des François de diriger l'opinion de l'Europe, il doit encore à sa position l'avantage de ne pas inquiéter vivement aucune autre nation, même dans ses crises les plus violentes.

Avec un caractère semblable, il est possible qu'un parti dominant se consolide, en compensant par une politique habile ce que ses principes ont de vicieux.

Il est, par exemple, incontestable que la royauté en Espagne est dépouillée de plusieurs prérogatives dont un monarque habile et énergique auroit besoin pour gouverner. Le *veto* absolu, le pouvoir de créer des pairs, la faculté de convoquer et de dissoudre les chambres, le droit de nommer sans contrôle aux grandes fonctions administratives, voilà, sans doute, des élémens essentiels de toute royauté véritable. Ferdinand, privé de ses droits, n'est pas roi; j'en conviens: c'est un prince mis en tutelle, je le sais. L'Espagne n'est pas une monarchie constitutionnelle, mais une république terminée en oligarchie; je ne dis pas le contraire. Mais en doit-il résulter des calamités inévitables et prochaines? on peut en douter, sans être pour cela l'admirateur du système des cortès. Si, dans cette assemblée, déjà si peu nombreuse, une majorité, encore moins nombreuse, sait conserver le pouvoir immense dont la constitution l'investit, si elle en use avec une fermeté habile, si elle fait nommer des ministres, des gouverneurs, et des diplomates d'une opinion sûre et d'un talent éprouvé, rien n'empêche que les cortès ne règnent, au nom de Ferdinand VII, aussi long temps que le cardinal de Richelieu a régné au nom de Louis XIII.

Que peuvent produire les tentatives isolées de quelques courtisans? En leur supposant même beaucoup de talent et de courage, ils ont contre eux la chance la plus terrible : le caractère de celui qu'ils voudroient servir, à moins qu'une extrême prudence nous ait jusqu'à présent dérobé ce caractère.

La haute noblesse est, dans l'idée de quelques observateurs superficiels, un moyen de contre-révolution ; l'article de la constitution, qui n'admet que *quatre* grands d'Espagne dans le conseil d'état, est si offensant, si hostile ; l'absence d'une chambre haute laisse si peu de garantie aux propriétés privilégiées et aux revenus qu'elles donnent ; la suppression des majorats trahit si évidemment le dessein de ruiner l'ascendant des grandes familles ! Tout cela est vrai en théorie générale, mais non pas dans le cas spécial de l'Espagne. La plus haute noblesse n'a pas, depuis des siècles, joui du pouvoir politique ; la couronne s'étoit privée de cet appui naturel et nécessaire ; la *grandezza* étoit un titre superbe, mais vain ;

peut-être y renoncera-t-on , et alors l'exclusion du conseil d'état cesse d'avoir aucun effet ;
enfin, beaucoup de possesseurs d'immenses majorats , plus avides de jouissances que jaloux de
pouvoir , brûlent de désir de vendre les biens,
accumulés par leurs ancêtres. L'opposition des
grands seroit donc moins vive qu'on ne pense , si
elle n'étoit pas de temps à autre réveillée par
l'insolence plébéienne.

Il est toutefois certain que le principe de la
dispersion des majorats doit inquiéter, doit effrayer même ceux qui désirent le maintien d'une
monarchie tempérée par l'aristocratie ; aussi le
comte de Toréno avoit, avec sa sagacité accoutu-
mée , indiqué aux cortès la mesure conciliatrice
de réduire les majorats à un *maximum*. Mais il
faut se rappeler , 1° que l'accumulation de ces
biens immobilisés étoit, en Espagne, poussée à
un excès condamnable ; 2° que l'abolition immédiate n'atteint que la moitié des majorats, pendant la vie des possesseurs actuels. Le mal qui
résulteroit d'une abolition totale est donc ren-
voyé à un avenir éloigné et incertain. La réflexion
et le temps peuvent y apporter remède.

Le clergé catholique étoit, après la royauté,
l'intérêt le plus puissant en Espagne ; et, comme
les membres du clergé comptent parmi eux des
hommes bien autrement énergiques, éclairés et
habiles que les courtisans et les nobles, il est

certain que c'est de ce côté que le système révolutionnaire doit attendre les seuls adversaires
redoutables. Le fait n'est pas douteux ; mais il
admet quelques limitations, quant à ses consé-
quences.

D'abord, c'est un grand trait de politique des
auteurs de la constitution d'avoir hautement proclamé la domination exclusive de la religion catholique romaine. Politique d'autant plus remarquable, que les principes de l'indifférentisme et
de l'épicuréisme françois sont très-répandus dans
les classes supérieures de la nation espagnole! Ce
précieux article, fortifié par la loi qui maintient
la censure en matière théologique, est un admi-
rable bouclier que le parti des cortès oppose à
tout mandement d'évêque, à tout sermon de
moine.

Un autre point délicat et difficile sembloit
pouvoir faire naître des discordes ; c'est le rapport entre l'église hispanique et le siège de Saint-
Pierre. Ce point a été touché dans les cortès, et n'a
point paru aussi fécond en dangers qu'on auroit
pu le croire. L'opposition ancienne des rois à
l'autorité pontificale a laissé des impressions profondes ; on a entendu des évêques très - considérés invoquer les libertés de l'église gallicane ;
on est allé plus loin, on a parlé, dans l'assemblée
des cortès, de l'autorité suprême des conciles,
comme Jansénius, de la pureté de l'église pri-

mitive, comme Luther, sans que les députés ecclésiastiques s'en soient plaints. Loin de tonner du haut du Vatican, le saint père a accédé à quelques demandes assez désobligeantes de l'Espagne; par exemple, à la sécularisation des religieux, du moins à ce que les autorités espagnoles ont annoncé, car à Rome on garde à cet égard le plus morne silence.

La mesure qui sembloit la plus propre à exaspérer le clergé, c'étoit la suppression des ordres monastiques réguliers, suivie de la mise en vente de leurs biens, pour servir à l'extinction de la dette nationale. En effet, cette mesure, qui, même sous le simple point de vue financier, étoit trop brusque, trop générale, puisqu'elle jetoit tout-à-coup sur le marché public une immense masse d'objets à vendre, a fait beaucoup de mécontens dans les corporations qu'elle frappoit et dans celles qu'elle menaçoit de loin. Toutefois il est une cause puissante, qui tempère l'effet de ces mécontentemens. Je ne parlerai ni du motif spécieux de la nécessité publique, ni de l'exemple des rois, ni de la doctrine de tant de publicistes monarchiques, sur le *prétendu* droit de sécularisation, ni même du soin qu'on a pris en Espagne d'indemniser largement tous les membres individuels des corporations dissoutes; j'estime trop la nation espagnole pour croire qu'elle partage généralement la basse et inique doctrine de ces publicistes qui permettent la spoliation d'une *personne morale*, ou qui même refusent à une semblable personne le véritable droit de propriété. Aux yeux de tout homme d'un cœur droit et d'une ame élevée, la propriété d'une corporation religieuse est aussi sacrée, aussi inviolable que celle d'un individu. Les familles, créées par un lien spirituel, lorsqu'elles y restent fidèles, sont peut-être plus respectables encore que les familles nées d'un besoin physique. D'ailleurs, outre la question de la spoliation, il s'élève encore celle de la dissolution de la communauté religieuse; dissolution qui exige de plein droit le consentement de l'église, et qui, sans cette condition, est contraire aux lois tant civiles qu'ecclésiastiques du royaume, confirmées par la constitution elle-même (1). Il me semble donc que la loyauté, la générosité espagnole, même en admettant au fond cette mesure comme nécessaire, ont dû gémir sur ce qu'il y a d'illégal, d'arbitraire et d'irréligieux dans la forme. Mais il n'est pas question ici des regrets, fondés sur des prin-

(1) Voyez *Observations respectueuses au roi et aux cortès*; par S. Exc. don *Salchada*, général des capucins, grand d'Espagne de première classe, etc.

Cet écrit modéré, savant et bien raisonné, a été condamné, comme *subversif de la monarchie*, par un tribunal de Madrid, en vertu de l'infâme loi sur ou contre la liberté de la presse.

cipes généraux; il n'est question que des mécontentemens actifs, fondés sur des intérêts
lésés. Or, les intérêts des ordres supprimés ne
sont pas précisément les plus puissans dans l'é-
glise ni les plus appuyés de l'opinion populaire; si nous avons compris les rapports obscurs
des journaux espagnols, la mesure frappe les
ordres les moins nombreux, les plus savans, et,
proportion gardée, les plus riches; elle épargne
cette nombreuse milice de *frères*, dont la belli-
queuse audace a tant de fois conduit les *gue-
rilla's*, et qui, plus rapprochés de la multitude,
en sont aussi plus aimés. On prétend même que les
évêques ni les religieux conservés ne vivoient pas
en bonne intelligence avec ceux qu'on a sécurari-
sés. Les cortès, en choisissant leurs victimes, ont
donc mis en pratique le fameux adage : *Diviser
pour régner;* et, en effet, les mouvemens contre-
révolutionnaires du clergé, quoique embarras-
sans, ne paroissent pas être unanimes, ni par
conséquent capables de produire aucun danger
immédiat.

Une mauvaise action a toujours des suites périlleuses pour celui qui s'en rend coupable; et
l'ignoble vengeance que les cortès ont exercée
contre les *Perses*, c'est-à-dire les auteurs de la
contre-révolution de 1814, a valu à l'Espagne
la triste conformité avec la France, d'avoir un
noyau d'ennemis dans ses propres enfans émi-

grés. Ces hommes, qui n'auroient été rien à Madrid, deviennent quelque chose à Bayonne, à Laybach. Mais ce danger est encore très-éloigné; car une émigration n'acquiert jamais de force que par les extravagances où peut tomber le parti victorieux qui l'a obligée à s'exiler. Le système d'émigration étoit d'un grand effet dans les petites républiques de la Grèce ; quelques centaines de citoyens courageux, sous un Trasybule, un Dion, alloient reconquérir la patrie opprimée. Aujourd'hui, au milieu de nos immenses masses de peuples et d'armées, que peut un bataillon sacré de chevaliers et de héros? S'immoler et mourir. D'ailleurs, l'émigration espagnole (dont nous respectons les malheurs) n'a encore aucune force soit numérique, soit morale. Politiquement parlant, il n'y a guère que *deux* émigrés, le général Alvarez de Toledo qui a beaucoup d'esprit, et le général des capucins qui a beaucoup de courage.

Tels sont les rapports existans entre les Espagnols d'Europe ; nous parlerons autre part des colonies. Mais il faut indiquer ici les relations entre l'Espagne et les autres monarchies européennes ; elles sont jusqu'à présent entièrement pacifiques. L'empereur de Russie, qui avoit hésité de reconnoître le gouvernement des cortès, a fini par renouer les relations diplomatiques usuelles. Ce souverain, en 1812, de même que

l'Angleterre, en 1810, avoit formellement reconnu la *légitimité* des cortès de Cadix; légitimité sujette à contestation, puisque Ferdinand
avoit bien autorisé leur convocation et leur coopération à sauver la monarchie, mais non pas
leurs travaux constitutionnels. Cette discussion
devient oiseuse, à présent que Ferdinand déclare
avoir librement adhéré à la constitution. On ne
connoît actuellement aucune démarche d'aucune
puissance qui tende à une opposition armée au
nouveau système de l'Espagne. Ce pays n'auroit,
en cas d'une guerre, que peu de moyens de défense régulière; à peine a-t-il 50,000 hommes de
troupes de ligne, mais il a ses montagnes, ses
défilés et ses milices; il a pour lui les glorieux
souvenirs de Baylen, de Vittoria, de Saragosse.

Nous avons pesé dans les balances de la justice
historique les avantages et les désavantages de
la position de l'Espagne. Il n'appartient qu'aux
insensés de prédire ce que peut amener l'avenir;
mais si nos lecteurs veulent apprécier les diverses conjectures brillantes ou sinistres qui
circulent dans le monde à ce sujet, les données
que nous venons de leur fournir suffisent peut-
être pour faire sentir combien toutes ces prédictions de l'esprit du parti, dans l'un et l'autre sens,
sont exagérées ou du moins prématurées.

« *Toutes* ces prédictions !........ dira avec
douleur un de ces vrais et sages royalistes qui,

l'année dernière, ont lu avec satisfaction notre théorie de la légitimité...... « Quoi ! vous pen- » sez donc que ce principe ne triomphera pas » en Espagne? » Entendons-nous ! le principe ne périclite pas plus par le gouvernement des cortès qu'il ne périclitoit par le gouvernement de la *Camarilla*. Rappelez-vous que le parti des cortès a été, pendant six années, la Vendée espagnole ; convenez que, si ces courageux antagonistes de l'usurpation se sont trouvés entraînés par une si-tuation extraordinaire à établir une constitution mauvaise, absurde même, si on le veut, ils ne mé-ritoient pas, pour une erreur de jugement, d'être ignominieusement traités et persécutés. Sachez qu'à Valence, en 1814, tous les amis éclairés de la monarchie, l'ambassadeur d'Angleterre à leur tête, conseilloient au roi de s'arranger avec l'as-semblée, tout en modifiant ou plutôt refaisant leur constitution (1); n'oubliez pas surtout que la faction de courtisans qui, en 1814, s'empara du pouvoir despotique, n'a pas su, pendant six ans, donner la moindre stabilité à ce pouvoir, qu'elle n'a su que faire manquer le roi à sa pa-role donnée « de convoquer des cortès légi- » times », qu'elle a donné à l'Europe le spec-tacle d'un despotisme asiatique, et que la révolu-tion militaire du 7 mars n'est que le dénouement

______

(1). Lord *Liverpool*, discours au parlement, 16 février.

d'une longue série de révolutions de palais. Avec ces prémisses, pouvez-vous penser que le principe de la légitimité, dans son sens véritable et universel, puisse gagner quelque chose à une simple contre-révolution amenée par des moyens militaires, ou même (comme quelques extravagans le rêvent) par une invasion étrangère? Non, un semblable événement, en faisant tomber Ferdinand VII de la tutelle d'une assemblée nationale sous celle d'une faction de cour, hâteroit seulement la dissolution de la monarchie; le Mexique, la Havane, le Pérou s'en détacheroient immédiatement; la révolution d'Amérique, aujourd'hui prête à s'étouffer d'elle-même, se rallumeroit de nouveau pour tout dévorer, et tout espoir de replacer la puissance espagnole dans la balance européenne disparoîtroit à jamais. Ne vous livrez donc pas à des vœux imprudens, à des projets aussi perfides que chimériques; souhaitez à cette nation loyale et généreuse la paix au-dehors et la prospérité en-dedans; n'appuyez point quelques trames obscures et mal combinées, mais réclamez hautement contre tout acte tyrannique des cortès, contre toute loi despotique, surtout contre ce qui peut gêner la liberté des opinions; combattez avec les armes de la politique ce système de compression qui n'est pas la *terreur* jacobine de 1793, mais quelque chose de plus doux et de plus fort à la fois; laissez à la nation le temps de réfléchir; laissez aux vices et aux contradictions de la constitution des cortès le temps de se développer, de se heurter; bientôt cette machine mal calculée ne pourra plus jouer, bientôt l'époque fixée pour la révision arrivera : alors les esprits élevés et forts que l'Espagne possède viendront eux-mêmes au-devant des besoins de leur patrie; ils rendront à l'aristocratie et à la royauté la place que la nature des choses assigne à ces institutions; ils seront maîtres de la révolution, parce que ce ne sera pas avec la force insuffisante des anciens intérêts seuls qu'ils la combattront. Ce n'est qu'avec la liberté qu'on peut vaincre une révolution; c'est son propre tonnerre qu'il faut saisir pour l'écraser.

La révolution de *Naples*, qui semble au premier coup d'œil une simple copie de celle d'Espagne, est due à des causes entièrement différentes. Le gouvernement napolitain, sous les ministres De Médicis et De Tomassi, méritoit pleinement les éloges que nous lui avons donnés dans notre *Tableau* de 1820; il corrigeoit avec prudence les abus de la féodalité, rendoit égal pour toutes sortes de biens le fardeau des contributions, circonscrivoit les majorats dans de justes limites, introduisoit les conseils provinciaux et communaux, organisoit ou perfectionnoit les établissemens d'instruction de charité et de sûreté publique ; en un mot, il continuoit tout ce qu'il y avoit de bon dans le système administratif françois introduit sous Joseph et Joachim (1). L'ordonnance de 1816, qui supprimoit sans façon la constitution nouvelle de la Sicile, jurée en 1812, étoit, il est vrai, un acte despotique, un crime de lèse-nation ; mais il ne regardoit que l'*île;* les provinces continentales n'avoient à cet égard rien perdu, et elles participoient aux promesses, probablement très-sincères, d'une constitution politique générale, réitérées dans tous les édits d'administration et de finance publiés en 1817, 1818 et 1819. Rien n'annonçoit, rien ne motivoit à Naples une révolution violente, puisque tout y marchoit vers une régénération paisible sous les auspices de l'autorité légitime.

Mais un foyer commun brûloit sous toute l'Italie, et ceux qui en dirigeoient l'activité choisirent Naples pour théâtre de la première explosion. Ce foyer étoit celui de l'esprit italien, suscité par le spectacle des grands événemens du dernier quart de siècle et exalté par les efforts d'une franc-maçonnerie politique, la société des *carbonari.* « Pourquoi ne sommes-nous pas une « nation ? Pourquoi ce beau pays que protègent

(1) Rapport fait au parlement napolitain par le comte *Zurlo.*

« les mers et les Alpes, ne forme-t-il pas une
« puissance européenne? Pourquoi une monar-
« chie étrangère à nos mœurs et à notre langue
« occupe t-elle un quart de notre territoire? »
Tels étoient les grands problèmes qu'on agitoit
non seulement dans les loges des *carbonari*, mais
partout où trois Italiens éclairés et vertueux pouvoient causer librement ensemble.

Nous n'avons pas dissimulé, dans notre précédent *Tableau*, que nous regardons comme juste
et légitime ce vœu de l'Italie (1). Nous avons
même fait observer qu'il seroit conforme à la politique générale de l'Europe de faire sortir toute
puissance étrangère du territoire italien, en dé-
dommageant la France et l'Autriche par des ac-
quisitions plus à leur convenance. Ce principe
ne recevra peut-être qu'une confirmation trop
éclatante par les événemens qui se préparent.
Mais il est deux points sur lesquels nous diffé-
rons des *carbonari* : 1° nous croyons qu'une fédération de dix ou douze états, sous la présidence
du pape, répondroit mieux aux besoins de l'Italie
qu'une monarchie unique; 2° nous pensons qu'aucun changement heureux ne sauroit se réaliser
sans le concours des gouvernemens légitimes existans; attendu que le caractère italien, avec tant
d'autres côtés avantageux, aimables et estimables,

_______________

(1) Tableau de l'Europe en 1820.

n'offre pas une énergie politique et militaire suffisante pour faire réussir une révolution.

Les sociétés secrètes, quelles que soient la pureté
et l'élévation primitive de leurs vues, tombent
nécessairement, dès qu'elles veulent agir, dans
l'inconvénient d'être forcées à flatter, par un appât séduisant, les passions même les plus injustes
et les intérêts même les plus ignobles, par conséquent de dépasser le but que la raison leur in-
diquoit. Les *carbonari*, ou du moins quelques-
unes de leurs loges, ont répandu les doctrines révolutionnaires contre la noblesse, l'aristocratie,
la religion dominante et le clergé; mais, en
dépit de ces extravagances, cette puissante asso-
ciation a des ramifications dans les classes les plus
élevées de la nation. Tant de causes ont excité
des mécontentemens hors de la sphère populaire. L'éloignement des régimens italiens can-
tonnés en Bohème, la pénible situation du commerce de Venise, les prétentions non satisfaites
de la noblesse vénitienne et lombarde, les choix
peu heureux des employés autrichiens et la ru-
desse de leurs manières, en opposition avec l'élégance et l'urbanité italienne, la jalousie des
roturiers contre les nobles, si imprudemment
réveillée dans le Piémont, les regrets légitimes
que Gênes donne à sa constitution indépendante,
la crainte que la concurrence angloise inspire
aux négocians de Livourne, le défaut de sûreté

des grandes routes dans les états romains, voilà autant de motifs de mécontentement; tous étoient exploités par les *carbonari*. Mais la présence d'une nombreuse armée de ligne, fidèle et unie, rendoit les mouvemens insurrectionnels inutiles dans le nord de l'Italie.

Au contraire, à Naples, l'armée même renfermoit une foule de mécontens animés par un vague regret de ces guerres perpétuelles du régime napoléonien, de cette loterie militaire d'honneurs et de richesses. Les *Muratistes* étoient donc le principal instrument dont les *carbonari* pouvoient se servir; mais comment s'unir? Les *carbonari*, formés, en 1807, contre Napoléon et dans l'intérêt de l'indépendance italienne, avoient été persécutés par Murat, et regardoient le parti militaire de ce monarque intrus comme ennemi des principes constitutionnels. Ils sacrifièrent à un intérêt commun leurs préventions particuculières; les soldats d'un despote et les apôtres de la liberté se tendirent la main. Dès-lors, rien ne pouvoit résister aux *carbonari*. Ces agitateurs adroits ne négligèrent pas non plus de flatter les deux partis qui prétendoient travailler, l'un pour le duc de Calabre, l'autre pour le prince Léopold. Ils pénétrèrent, ils approfondirent, ils envenimèrent peut-être cette odieuse intrigue de courtisans qui avoit pour but d'enlever à un prince ses droits légitimes pour en investir un autre, intrigue vraiment révolutionnaire, et qui, de plus, se rattache à des influences étrangères dangereuses aux intérêts de l'Europe. Enfin, ils profitèrent de l'aversion même du peuple pour la gênante régularité des institutions françoises et pour ces nouveaux impôts uniformes qu'on introduisoit précisémeut dans un intérêt contraire à celui de l'aristocratie. Toutes ces matières inflammables, qui se chargera de les réunir sur un seul point? La cour elle-même qui, entraînée par la routine ou par un conseil perfide, ordonne la réuuion d'un camp nombreux de troupes de ligne et de milices aux environs de la capitale. Cependant, malgré la coïncidence de tant de circonstances favorables à un mouvement insurrectionnel, les chefs les plus habiles des *carbonari*, à ce qu'on nous assure, n'étoient pas décidés à laisser jouer le mécanisme qu'ils avoient combiné; ils auroient aimé mieux attendre le moment d'une guerre de l'Autriche contre la Turquie, ou d'une querelle entre le nord et le midi de l'Allemagne.

Mais l'impatiente ardeur de la multitude des patriotes italiens étoit enflammée par le spectacle de la révolution d'Espagne. Les Napolitains, comme les moins instruits, étoient les plus enthousiastes. Des relations nombreuses ont été conservées entre Naples et Paris, et les mouvemens séditieux sur les bords de la Seine, au

mois de juin, étoient considérés comme le signal
d'une révolution en France. Les chefs les plus
sages des *carbonari* ne se laissoient pas entraîner par ces illusions. Mais tout-à-coup des avis,
eut-être perfidement répandus, annonçoient un
riomphe prochain et subit de la faction qui pré-
tendoit remettre un grand pouvoir entre les mains
du prince Léopold. On ne sauroit pas décider si
ces avis ne sont pas venus de ce parti même qui,
en hâtant une explosion imprudente, avoit es-
péré provoquer un secours étranger immédiat.
Quoi qu'il en soit, cette crainte décida l'explosion des mines révolutionnaires.

C'est ainsi que des témoins oculaires expliquent
l'*avant-scène* de la révolution de Naples. Les
ténèbres enveloppent les moyens immédiats,
employés pour faire soulever les troupes du camp
de Nola. Tout ce qu'on en sait, c'est qu'une compagnie du régiment Bourbon donna le signal de
la révolte, et que les troupes, sorties de la capitale, joignirent les rebelles qu'ils étoient chargés
de combattre. On nous assure que le général Guillaume Pépé, déterminé d'abord à soutenir la
cause du gouvernement, fut entouré à l'impro-
viste par un groupe de ses amis et entraîné
dans une loge des carbonari, où, pour la première fois, on lui découvrit le véritable secret
de la société, et d'où il ne sortit que pour être
conduit sous une escorte de carbonari au milieu

des troupes insurgées qui lui imposèrent le devoir de les commander. On nous parle des intelligences établies dans le palais royal même, et par lesquelles, non seulement les opérations pour la défense de la capitale furent paralysées, mais encore le roi et les princes personnellement trompés sur l'état des choses, au point de céder lorsqu'il eût été, sinon possible de résister, du moins facile de se retirer à Gaëte ou à Palerme. Le prince héréditaire ( duc de Calabre ) conjure à genoux son auguste père de se rendre *aux vœux de la nation*, « et de céder à l'orage *pour sauver la patrie.* » Le roi promet une constitution *dans huit jours.* Mais les *carbonari*, jugeant bien le danger qu'il y auroit eu à laisser à la cour le temps de se remettre d'une première frayeur, demandent que les articles principaux de la constitution soient sur-le-champ fixés et jurés. Quelques - uns des amis secrets de la cour pensèrent que ce seroit un trait de politique de faire adopter, à condition de révision, le plan de constitution le plus mauvais qu'on pût imaginer, puisqu'on pouvoit alors espérer que la nation en seroit plus promptement dégoûtée. La constitution des cortès fut agréée par les insurgés avec enthousiasme, et confirmée de part et d'autre par des sermens solennels. Une entrée triomphale à Naples, accordée aux rebelles, trahit leur foiblesse réelle; c'étoient des régimens à la débandâde, traînant quelques petites pièces d'artillerie dont toute la munition étoit portée à dos de mulets ; c'étoient des milices rurales, les unes armées de piques, les autres de fourches ; c'étoient, enfin, des lazzaroni, munis de pistolets et de poignards ; les casques, les chapeaux ronds, les bonnets pointus, les uniformes, les casaquins se mêloient dans une confusion pittoresque ; ici, un chef des carbonari étaloit son écharpe tricolore en caracolant sur un fougueux coursier ; là, un curé de campagne en soutane faisoit trotter son âne paisible ; le chanoine Minichini surtout, en collet d'abbé, les besicles sur le nez et un large chapeau rond sur la tête, attiroit les regards des milliers de curieux qui applaudissoient à ce mélodrame politique.

A ces mouvemens si rapides, à cette révolution si imprévue succèdent toutefois des jours en apparence très-sereins et très-calmes.

La famille royale reçoit des marques unanimes de respect ; le duc de Calabre, héritier du trône, exerce sans obstacle le pouvoir de vicaire-général que son père lui avoit délégué ; le ministère se compose d'hommes considérés comme habiles et sages, parmi lesquels brille surtout le comte Zurlo ; les chefs de la révolution se retirent modestement de la scène politique ; Guillaume Pépé vient abaisser son épée devant les représentans de la nation ; aucune vengeance ne souille la ré-

volution ; parmi les membres de l'ancien gouvernement, le seul général Nugent, étranger, est
forcé de s'éloigner ; toutes les provinces continentales reconnoissent le changement opéré ; les
lois s'exécutent, les impôts diminués sont perçus
sans obstacle, et le peuple reste tranquille spec-
tateur des délibérations du parlement, au sein
duquel on aperçoit des noms respectables.

Apparence trompeuse ! C'est ainsi que le
royaume de Naples s'est toujours tranquillisé
quinze jours après une invasion. Un peuple gai,
insouciant et mobile, se soumet avec grâce à
tout pouvoir, à une loge des carbonari comme
à un prince conquérant. Ce calme est trop parfait pour être le résultat d'une opinion libre et rai-
sonnée ; il atteste seulement les vastes ramifications de la secte victorieuse et dominante.

Cependant les ambassadeurs de Naples près
les cours de Paris et de Vienne refusent hautement le serment constitutionnel demandé par
les autorités nouvelles ; ils déclarent que le roi
n'est pas libre ; en vain le nouveau gouvernement les destitue : ils continuent à être reconnus
des puissances étrangères. En même temps l'Autriche renforce son armée de Lombardie, et les
journaux accrédités de Vienne tonnent contre la
révolution napolitaine ; mais, soit irrésolution,
soit crainte d'une insurrection des carbonari du
nord de l'Italie, on n'ose prendre le parti éner-

gique de fondre immédiatement sur Naples avec un corps de troupes ; on ne peut pas non plus se décider au parti plus efficace peut-être d'adresser aux Napolitains une remontrance amicale pour les inviter à l'adoption d'une constitution plus sage et plus monarchique.

La *Sicile* seule opposa des mesures rapides et vigoureuses au parti révolutionnaire de Naples. Le peuple de Palerme et les grands propriétaires de l'île, résidant dans cette capitale, réclamèrent d'une voix unanime l'indépendance de leur pays, stipulée dans tant d'actes politiques solennels, anciens ou modernes, et arbitrairement anéantis en 1816. Ils exigèrent, avant de se joindre à la cause de Naples, le rétablissement de leur parlement spécial. Les troupes napolitaines, formant la garnison de la ville, furent vaincues et faites prisonnières. Il est à déplorer que des trahisons et des imprudences aient souillé ce triomphe par des meurtres, des incendies, et par la mise en liberté des criminels qui, pendant deux jours, remplirent Palerme d'effroi. Mais, ces momens d'excès passés, les chefs des Palermitains se conduisirent avec fermeté et prudence. Tout l'ouest et le midi de l'île se joignent à eux ; Calta-Nisetta seule, ville baronniale récemment élevée au rang de chef-lieu de province, oppose, à ce qu'elle regardoit à tort comme la résurrection du pouvoir féodal, une résistance très-insignifiante en elle-même, mais accompagnée de quelques violations du droit des gens envers les parlementaires palermitains, violations qui furent vengées à l'instant par l'incendie d'un petit nombre de maisons et par un pillage aussitôt réprimé que commencé (1). Les garnisons napolitaines repoussent l'attaque des Siciliens sur les forteresses de Trapani et de Syracuse ; mais ces places pouvoient facilement être bloquées. La cause de la Sicile paroissoit gagnée lorsque l'ancien esprit de jalousie contre Palerme, réveillé chez une partie des habitans de Messine, les porta à soutenir la garnison napolitaine que la population d'une ville aussi considérable eût facilement pu dompter. Les Napolitains profitent à l'instant de cette circonstance ; des troupes de Calabre se jettent dans cette ville qui commande l'entrée de l'île ; toutes les oppositions qui avoient cédé au premier élan des Palermitains se raniment, se relèvent, se réunissent ; la Sicile se divise, et les ennemis de son indépendance accourent pour la subjuguer. Cependant les Palermitains organisent une résistance vigoureuse, et, de l'autre part, les instructions secrètes du prince - vicaire général autorisent le général Florestan Pépé à laisser espérer aux Siciliens un parlement spécial pour

---

(1) Notes communiquées par M. le major *Palmeri de' Miccichi*, qui commandoit les principales attaques.

leur île. Après des combats balancés, Palerme ne capitule qu'en se réservant, ainsi qu'au reste de Sicile, le droit de réclamer l'indépendance ou du moins des modifications dans la constitution d'Espagne qui garantissent les insulaires de l'oppression (1).

Chose bizarre ! la conduite généreuse des chefs siciliens a été également mal appréciée par les partisans de la souveraineté populaire et par ceux de la souveraineté despotique. J'ai tort d'en être étonné ; c'est une chose toute naturelle que les partisans de deux chimères opposées se rencontrent.

Le parlement napolitain avoit le plus grand intérêt à s'assurer à tout prix les affections et les services de deux millions de Siciliens ; il devoit se faire une gloire de réparer les torts de la cour envers ce royaume ; il devoit, en respectant l'indépendance établie par la constitution de 1812, consacrer le principe de la légitimité nationale. Vaine attente ! Ces hautes considérations politiques ont été sacrifiées à la manie révolutionnaire d'uniformité et de centralité absolue ; on a mieux aimé s'aliéner le quart de la nation, que de modifier une théorie abstraite. Les *carbonari* se sont montrés, sur ce point du moins, aussi

______

(1) *La Venice* et le *Giornale Patriotico*, journaux de Palerme.

médiocres que nos *libéraux*, nos *doctrinaires* et nos autres génies administratifs.

Les cabinets, les cours qui ont intérêt à étouffer la révolution de Naples, devoient, d'après les règles les plus simples de la politique, appuyer les Siciliens ; le plus léger secours en fusils et munitions, une frégate stationnée à Messine, et la déclaration de respecter la constitution sicilienne de 1812 , fondée sur la volonté des trois pouvoirs anciens et légitimes ; voilà ce qui eût suffi pour séparer la Sicile du parti des révolutionnaires napolitains. Il falloit opposer l'Etna au Vésuve. Au contraire, on a blâmé les Palermitains de vouloir leur constitution légitime , du même ton qu'on blâmoit les Napolitains d'avoir renversé la leur. Nous aimons à croire que de faux renseignemens et la rapidité des événemens n'ont pas permis aux cabinets de juger à temps les affaires de Sicile ; car, après trente ans d'une lutte européenne contre le pouvoir arbitraire révo. lutionnaire, il est impossible que les hommes d'état ignorent que les droits légitimes des nations, aussi sacrés que ceux des rois, sont les meilleures garanties d'une monarchie.

Le gouvernement anglois y est seul intervenu, quoique d'une manière secrète et imparfaite ; la crainte de l'Angleterre a seule sauvé la Sicile des supplices que la populace des carbonari demandoit.

( 41 )

Ces évépemens étoient, depuis le mois d'octobre, l'objet des délibérations des souverains de la Russie, de l'Autriche et de la Prusse, réunis sans faste, loin de leurs cours, dans quelques logemens peu commodes, dans quelques tristes maisons de la petite ville de Troppau. Il est sans doute digne de nos respects ce zèle qui engage les plus puissans monarques à s'exposer à des privations, à des fatigues personnelles pour délibérer ensemble sur les intérêts des peuples ; mais n'auroient-ils pas pu, depuis 1814, se ménager des jours plus tranquilles, si, plus éclairés sur l'état de l'Europe, ils avoient établi des gouvernemens constitutionnels chez toutes les nations assez civilisées pour en savoir profiter ? Si Venise, Milan, Florence et Gênes avoient joui de l'équivalent de leurs anciennes libertés, équivalens qui leur étoient à la fois dus et promis, les mouvemens extravagans des Napolitains n'auroient excité que le rire au lieu de la crainte. L'empereur François I avoit, par la bouche d'un de ses frères, promis, en 1809, aux Italiens asservis, de leur rendre « une patrie indépendante, une constitu-« tion, » et même « la gloire de leurs beaux « siècles (1). » Ces généreuses intentions avoient été proclamées de nouveau, en 1813 et 1814,

_______

(1) Proclamation de l'archiduc Jean. *Moniteur* du 22 août 1809.

par les généraux autrichiens et anglois ; l'alliance européenne crioit alors aux Italiens : Soyez libres, revendiquez vos droits (1). Si on s'étoit hâté de mettre à exécution ces promesses, les souverains, tranquilles dans leurs palais, auroient pu apprendre la révolution napolitaine avec peu d'inquiétude, ou plutôt elle ne seroit pas arrivée.

Dans la crise où étoit Naples, le congrès de Troppau auroit dû proposer franchement et amicalement au roi de Naples de faire adopter par son parlement une constitution sage, telle, par exemple, que la Charte françoise. Par une semblable démarche, on eût pu diviser les *carbonari* d'avec les amis d'une monarchie constitutionnelle, opposer au vœu coupable de la faction les vœux légitimes de la nation, et procurer au pouvoir royal l'occasion de remplacer ce code d'anarchie, emprunté aux cortès espagnols, par un code politique national émané du trône.

Cette démarche fut tentée isolément et indirectement par la France, qui, avec l'Angleterre, a un intérêt si patent à l'indépendance de Naples. Une communication verbale, faite à un envoyé napolitain à Paris, fut transmise au ministère et au parlement de Naples; elle tendoit à faire adopter les principales bases de la Charte fran-

(1) Proclamations du général Nugent, du 10 décembre 1813, et du lord Bentinck, du 14 mars 1814.

çoise, telles que le *veto* royal, les deux chambres et le droit de dissoudre l'assemblée élective. A ces conditions, la France espéroit pouvoir se porter médiatrice entre Naples et Troppau. Les *carbonari*, retranchés dans les formalités, démontrèrent au parlement que l'acceptation d'une médiation n'appartenoit qu'au pouvoir royal ; mais comment celui-ci pouvoit-il risquer d'accepter des conditions contraires à la constitution des cortès déjà jurée ?

Peu de jours après, des lettres autographes des trois souverains du Nord invitèrent le roi Ferdinand I à se rendre à Laybach pour conférer avec eux ; invitation qui n'étoit ni assez respectueuse envers un vieillard auguste, ni accompagnée d'explications assez franches sur l'état d'oppression et de captivité où elle supposoit ce monarque ! Il eût été à la fois plus noble, plus politique et plus conforme au droit des gens d'inviter le roi de Naples à se rendre sur un territoire neutre, par exemple à Rome, à Florence, à Gênes, pour déclarer en liberté ses sentimens et ses vœux. Qu'auroit pu répondre le congrès de Laybach, si le roi de Naples eût lui-même proposé ce parti ? Le congrès eût été réduit à rétrograder ou à parler en maître à un souverain indépendant. L'alternative n'eût pas été glorieuse.

Mais la situation des partis, à Naples, produisit un résultat difficile à prévoir.

Les révolutionnaires ardens et aveugles désiroient que le roi restât comme ôtage, et qu'en même temps il protestât dans sa réponse de sa pleine liberté et de son adhésion entière à la constitution.

Les contre-révolutionnaires, les ennemis de tout système constitutionnel, faisoient des vœux non moins ardens pour que le roi restât; car alors ils auroient eu, selon eux, la preuve manifeste de l'état de détention forcée où ils le supposoient.

Mais il se montra dans ce moment un parti courageux et imposant de vrais patriotes, d'amis de la liberté légitime et de la monarchie nationale. Le comte Zurlo, le duc de Campochiaro, le prince de Satriano (M. Filangieri), le chevalier Delfico en étoient, selon nos renseignemens, les principaux soutiens. Ils avoient un appui dans les sentimens bienveillans de la maison royale, dans les vœux de toute la classe éclairée, indépendante des partis, et peut-être pouvoient-ils compter sur la garde royale et sur les vaisseaux anglois et françois stationnés dans la rade. Ces hommes sages et justes engagèrent le roi à envoyer au parlement, le 8 décembre, un message dans lequel il désapprouvoit clairement la constitution espagnole, traçoit les bases d'un meilleur pacte social renfermant toutes les garanties nécessaires pour les libertés publiques, et déclaroit qu'il alloit se rendre à Laybach dans la ferme intention de faire reconnoître ces bases libérales comme loi fondamentale du royaume.

Quel bonheur pour Naples, si le parlement, par des acclamations unanimes, eût déposé entre les mains du monarque le pouvoir illégal dont l'insurrection l'avoit investi ! « Sire, lui auroit dit une assemblée plus sage ou plus libre, partez ; présentez-vous devant le congrès comme le seul et souverain législateur de votre peuple ; promulguez à la face de ces monarques réunis la véritable charte de nos libertés, et que l'Europe apprenne combien est intime l'accord qui règne entre vous et vos sujets ! » Mais la faction révolutionnaire est, à Naples comme à Paris, incapable d'un mouvement généreux et désintéressé. La vanité et l'égoïsme des carbonari leur inspirèrent la conduite la plus propre à justifier les imputations qu'on leur faisoit à Laybach. Ces dominateurs du parlement firent condamner le message royal comme inconstitutionnellement rédigé, exigèrent la destitution des ministres qui en étoient les auteurs, et accordèrent ensuite, conformément à la constitution, leur consentement au voyage de Laybach, à la condition expresse du maintien absolu de cette prétendue loi fondamentale. Encore peu contens d'avoir arraché au roi cette condition , évidemment contraire à l'esprit de son message, ils voulurent même lui imposer l'obligation de sanctionner, avant son départ, la rédaction définitive de la constitution dont ils étoient occupés; rédaction qui, au lieu des modifications promises dès le 8 juillet, ne présentoit guère qu'une copie servile d'un code étranger. Dans cet état manifeste d'obsession, le roi ne put pas même s'embarquer librement ; mais, sorti de son palais par un corridor souterrain, il entra dans la chaloupe angloise avec tout l'air d'un homme qui fuit ses persécuteurs, et témoigna, dès qu'il eut mis le pied sur le vaisseau, par ses vives inquiétudes sur le sort de sa famille, combien il étoit loin de se fier aux *carbonari*.

Arrivé à Laybach, que pouvoit-il opposer à une série de faits qui démontre que ni lui ni son peuple ne sont libres, mais qu'une faction leur impose ses volontés sous la forme des lois?

Il ne pouvoit pas même négocier d'une manière efficace sur ces bases d'une nouvelle constitution qu'il avoit indiquées le 8 décembre, parce qu'il n'avoit pu les faire reconnoître par l'assemblée.

Il ne lui restoit donc que le triste devoir d'annoncer à son fils, régent du royaume en son absence, par une lettre du 28 janvier 1821 , « que « les souverains ne reconnoissent pas l'état des « choses résultant de la révolution du 8 juillet ;

« qu'ils en exigent la cessation immédiate ; qu'ils
« demandent une garantie momentanée pour la
« tranquillité de l'Italie, et qu'au surplus ils
« laissent au roi le soin d'organiser un gouver-
« nement avec le conseil des hommes sages et
« loyaux de sa nation, en conformité avec la
« paix générale de l'Europe et avec les intérêts
« permanens de son royaume. »

D'une autre part, l'Autriche a fait paroître une
déclaration qui annonce quelles sont les garanties exigées ; c'est une occupation militaire de
Naples. La Russie appuie dans toute son étendue
cette déclaration ; la Prusse convient en silence
qu'elle approuve cette mesure ; la France y con-
sent sous certaines restrictions encore inconnues,
et la seule Angleterre y reste étrangère, et, tout
en blâmant la révolution napolitaine, se réserve
le droit de modérer les suites des mesures prises
par les autres puissances.

Ces suites sont hors de l'époque où doit se
terminer cette esquisse historique.

Au moment où nous écrivons, l'armée autri-
chienne marche sur Naples. Rencontrera-t-elle
des obstacles? Le peuple armé en masse défen-
dra-t-il ses frontières, hérissées de montagnes et
de défilés? Une nuée de troupes légères, en har-
celant les lourdes masses autrichiennes, en les
privant de subsistances, les fera-t-elle rétrograder? Faudra-t-il en appeler d'autres du fond

de la Hongrie, ou des bords du Tanaïs, ou bien Naples accueillera-t-il les étrangers comme amis? Rendra-t-on superflue l'invasion étrangère? Une contre-révolution, opérée par quelques chefs militaires et politiques, en renversant le parlement, prouvera-t-elle de nouveau que ce que la force seule a créé peut toujours être renversé par la force, ou bien la faction dominante se retirera-t-elle dans les forêts de la Calabre pour y braver les armées regulières qui la menacent? Verra-t-on des Vendées carbonariennes? La Sicile restera-t-elle impassible ou rétablira-t-elle sa constitution? Une guerre interminable ensanglantera-t-elle de nouveau ces belles contrées? En la supposant terminée, qui en paiera les frais énormes? Si Naples ne peut les payer en numéraire, les paiera-t-il en territoire? Donnera-t-il les Abruzzes au pape, pour que Rome cède à son tour les trois légations à l'Autriche, ou par quel autre arrangement résoudra-t-on ce problème financier dont le trésor anglois refuse de s'occuper? Quels seront les nouveaux rapports entre les états italiens, résultant de ces événemens? Comment les puissances, plus désintéressées que l'Autriche, s'entendront-elles lorsqu'il faudroit conclure un traité général de pacification?

Toutes ces questions seront peut-être résolues dans trois mois, et alors nous donnerons un Tableau supplémentaire; peut-être ne le seront-elles pas même au moment où nous tracerons notre Tableau général prochain. Paix ou guerre, légitimité ou révolution, liberté ou anarchie, tout est livré aux hasards de la fortune, aux complots des faux patriotes et aux combinaisons d'une politique foible et incertaine.

Toutes ces commotions partent d'un centre commun ; c'est l'absence d'un principe de légitimité bien déterminé et bien reconnu qui garantisse également les droits des gouvernans et des gouvernés, et qui soit à son tour garanti par une alliance générale des puissances européennes.

Si cette alliance générale est impossible, rien ne sauroit mettre un terme aux mouvemens révolutionnaires de l'Europe.

Si elle est possible, c'est un congrès des grandes puissances qui seul peut en poser les bases.

Un congrès s'étoit formé à Troppau et a ensuite été transféré à Laybach; les amis de l'ordre se flattoient qu'il alloit établir un code de droit public européen, en déterminant les applications des principes de la Sainte-Alliance. Tout-à-coup on a vu éclater un schisme né de la différence trop marquée entre les formes de gouvernement existantes en Europe. Les trois cours absolues de Saint-Pétersbourg, de Vienne et de Berlin ont été d'accord sur le principe « que toutes les puis-

« sances ont le droit de réprimer à main armée
« toute insurrection qui menace le repos de
« l'Europe; » elles ont de plus reconnu « que ce
« principe étoit établi par les traités existans,
« notamment par la Sainte-Alliance. » Mais le
gouvernement anglois, craignant de se voir ac-
cusé de méconnoître la légitimité de la révolution
de 1688, qui a placé la maison de Brunswick
sur le trône, a déclaré « qu'on ne pouvoit pas
« déduire ce principe d'aucun traité existant
« entre l'Angleterre et les cours du continent »
(ce qui est exact, attendu que le traité de la
Sainte-Alliance n'a pas été signé par l'Angleterre), et, de plus, « que ce principe d'une in-
« tervention armée dans les mouvemens révolu-
« tionnaires d'un pays indépendant ne pouvoit
« être déterminé par un acte diplomatique or-
« dinaire, ni par conséquent faire partie du
« droit public positif de l'Europe; » doctrine
erronée et dangereuse que nous nous ferons un
devoir de combattre. La déclaration angloise admet, à la vérité, qu'il y a des cas « où les puis-
« sances, plus particulièrement menacées par
« un mouvement révolutionnaire, peuvent avoir
« le droit d'intervenir à main armée dans les af-
« faires intérieures d'un pays ainsi bouleversé;
« mais elle fait un devoir à ces puissances de ne
« pas viser à aucun agrandissement territorial; »
elle admet ainsi une garantie européenne pour

l'existence territoriale d'un état, en repoussant cette garantie pour les constitutions et la tranquillité intérieure; car, à ce qu'elle prétend, ce principe supposeroit « ou une *suprématie des* « *grandes puissances*, qui seroit une usurpation « injuste, ou un *système fédératif européen*, qui « seroit trop vaste et auroit de graves inconvé- « niens. »

Cette note angloise, du 19 janvier 1821, fera époque dans la nouvelle diplomatie européenne; elle fera, ou, pour mieux dire, elle a déjà fait naître d'importantes discussions qui n'appartiennent plus au cadre chronologique de notre *Tableau* actuel.

En attendant que les *Metternich*, les *Bernstorff*, les *Hardenberg*, les *Capo d'Istrias*, nous procurent la satisfaction d'annoncer l'année prochaine l'heureuse solution de ces grands problèmes du droit public, oserons-nous opposer à la doctrine de *lord Castlereagh* la théorie suivante sur *l'intervention des puissances dans les mouvemens révolutionnaires des autres états?*

---

Tout ce qui menace l'existence d'un état peut devenir le juste motif de l'emploi de la force de la part de l'état menacé contre celui qui fait naître ce sujet d'inquiétude, et qui ne veut ou ne peut pas donner une garantie à l'autre partie.

4*

Nous ne croyons pas que cet axiome rencontre de contradicteurs; c'est le droit naturel de défense, mais ce droit est limité par la nécessité qui seule en justifie l'exercice. Ainsi l'Angleterre, en rompant le traité d'Amiens, avoit raison de dire à Napoléon : Vos agrandissemens perpétuels menacent nos intérêts vitaux; mais l'Angleterre auroit dû épuiser tous les moyens de défense qui lui restoient avant de courir aux armes.

Maintenant ce principe général, admis de tout temps, peut-il s'appliquer aux affaires intérieures d'un état?.... Oui, puisque, dans des cas déterminés, les révolutions intérieures d'un état peuvent devenir, pour les autres états, une source de dangers, elles peuvent aussi devenir un motif d'une intervention, soit amicale, soit armée, en raison du danger, et seulement jusqu'à ce que le danger cesse d'exister.

Il y avoit certainement un danger imminent pour l'Europe, lorsque la France, couverte de clubs où l'on prêchoit l'assassinat de tous les rois, retentissoit encore d'invitations formelles à une insurrection universelle. A-t-on pris les moyens d'intervention les plus convenables? C'est une autre question étrangère à notre sujet.

Mais il n'y avoit aucun danger réel pour la Russie, l'Autriche et la Prusse, lorsqu'en 1772, 1793 et 1795, elles cherchèrent querelle aux

Polonois pour s'emparer de leurs provinces. Il n'y avoit pas même lieu à des remontrances.

Il y a un danger indirect pour les possessions italiennes d'Autriche, lorsqu'une secte secrète, répandue à la fois à Milan et à Naples, fait éclater sur le dernier point une révolte victorieuse, se vante publiquement d'en avoir dirigé la marche, et proclame l'espoir de voir tous les Italiens se réunir à ses étendards. Mais si ces menaces no sont pas suivies de la tentative d'insurger les sujets autrichiens, elles peuvent autoriser l'interruption des communications; jamais, dans l'absence d'autres motifs, une invasion.

Une constitution remplie de principes anarchiques', donnée tout-à-coup à un peuple, devient, sans contredit, une source d'inquiétude pour les états voisins; mais, comme il y a un moyen très-sûr et très-pacifique d'obvier à tout danger en gouvernant bien ses peuples et en s'assurant de leurs affections, il n'y a pas de motif suffisant pour une guerre, à moins que l'état étranger ne soit, par un traité formel, garant de la constitution que la révolution vient de renverser.

C'est le cas de l'Autriche envers Naples. Un traité de 1815, par un article secret, impose au roi des Deux-Siciles l'obligation de ne pas laisser introduire dans ses états des innovations politiques qui tendroient à troubler le repos des provinces italiennes de l'Autriche. Malgré le vague des expressions, le sens de ce traité est positif. Mais le roi de Naples avoit-il le pouvoir de signer un traité qui peut être interprété de manière à lui interdire toute amélioration dans son gouvernement ? Cette question nous conduit déjà à la nécessité de fixer le principe de l'intervention par des traités clairs et incontestables.

Voici encore un cas plus urgent. Les pouvoirs légitimes de chaque état sont représentés par des personnes physiques. Si un parlement tient le roi captif, ou si le monarque jette le parlement en prison, les puissances, garantes de la constitution, n'ont-elles pas le droit d'intervenir ? On ne sauroit le nier en thèse générale ; mais on doit convenir que l'application de ce droit suppose qu'on ait fixé un mode de reconnoître, par des signes certains, l'état d'oppression ou de captivité où se trouvent ceux qu'on se croit obligé de ecourir. Il est des signes non équivoques ; par exemple, si un roi est chassé de son royaume, ou s'il est placé dans un état de surveillance visible, ou si des groupes séditieux l'entourent pour lui prescrire une mesure à laquelle il a refusé son consentement. Mais quelques-uns de ces faits peuvent être niés par les rebelles ; un rapport d'un ambassadeur peut paroître suspect de partialité ; alors il faut convenir d'un moyen de rendre la vérité évidente a tous les yeux ; par exemple, si les Autrichiens disent que le roi de Naples est tenu en état d'oppression dans sa capitale par une faction rebelle ; si, d'une autre part, les Napolitains assurent qu'il est parfaitement libre, pourquoi ne pas convenir que ce monarque se rendra sur un territoire hors de la portée des deux puissances en contestation, et que, de ce lieu, il proclamera sa volonté libre et authentique ? Appelez-le à Florence, toute l'Europe verra qu'il est libre : appelez-le à Laybach, beaucoup de gens, et surtout vos adversaires, diront : Il n'a fait que changer de tutelle.

Ces raisonnemens et ces exemples conduisent à un principe général que voici : Le mode de constater la nécessité d'une intervention doit être spécifié dans des traités, si on ne veut pas s'exposer, de part et d'autre, à voir un devoir d'assistance transformé en un droit d'intrusion arbitraire.

Mais est-il possible de spécifier d'avance tous les cas divers qui peuvent naître d'une révolution, et d'indiquer d'avance les droits et les devoirs qui résulteront d'un événement toujours si compliqué et si susceptible d'être vu sous des points de vue différens ? En voulant spécifier les cas, ne court-on pas le risque d'en exclure quelques-uns, et d'ouvrir ainsi à un parti révolutionnaire des voies de subterfuge ? Ne vaut-il pas mieux laisser dans le vague tous ces cas extrêmes où les puissances acquièrent de la nécessité le droit d'intervenir dans les révolutions intérieures d'un pays indépendant :

Voilà le point essentiel du système de la note britannique. Si les cas d'une intervention étrangère à cause d'une révolution étoient, comme lord Castlereagh le suppose, des *exceptions* du droit commun, des cas rares et extrêmes, il seroit raisonnable de ne pas les considérer comme des objets propres à être déterminés par des traités. Mais un coup d'œil sur l'Europe ne nous fait-il pas craindre que les révolutions ne soient encore long-temps le thème journalier de la politique européenne? Tous les rapports entre nations, ceux même du commerce, ne dépendent-ils pas de ces grands changemens? Il est donc devenu inévitable de faire entrer dans la diplomatie ordinaire ce qui fait aujourd'hui partie du cours ordinaire des choses. Déjà un grand nombre de traités ont pour objet l'esprit révolutionnaire. Une alliance presque générale entre les puissances établit le principe d'une assistance mutuelle. Si les cas et les modes de procéder ne sont pas spécifiés par des traités explicatifs, cette grande alliance devient ou inutile ou dangereuse; inutile, si elle ne crée pas une nouvelle garantie pour le droit; dangereuse, si, en le défendant, elle prétend agir sans règle connue.

Il est, sans contredit, impossible de spécifier.

tous les cas à naître; mais ceux que nous con-
noissons déjà fournissent de quoi établir des
règles générales. Nous serons donc, quand nous
le voudrons, aussi avancés dans cette partie de la
politique que dans les autres; car, dans aucune,
nous n'avons prévu tous les cas, nous n'avons
que des règles souvent insuffisantes. Par exemple,
lors du traité d'Amiens, la diplomatie angloise
avoit-elle pu prévoir la situation où elle se trouva
six mois après? Tout notre droit international
n'est qu'une espèce de morale souvent contestée
ou diversement expliquée, mais fixée à l'égard
de plusieurs points par des traités spéciaux. Pourquoi ne pas augmenter le nombre de ces phares
lumineux semés sur une mer si fertile en écueils?

« Enfin, dit-on, qui sera garant de ces traités?
Qui les exécutera? Faut-il reconnoître la suprématie de cinq grandes puissances, ou faut-il créer un
système fédératif européen? L'un seroit de l'usurpation, l'autre est impraticable. »

Impraticable! oui, si vous entendez un système fédératif complet sous tous les rapports politiques, ce ne seroit qu'un beau rêve; mais il
n'est question ici que d'un seul objet, celui de
se garantir des révolutions violentes. Pourquoi
l'Europe ne pourroit-elle pas conclure sur cet
objet une convention générale, comme elle en a
conclu sur d'autres? Nous sommes *fédérés* contre
les assassins, contre la peste, contre la piraterie

individuelle ; nous sommes, depuis 1814, *fédé-*
*rés* pour la garantie de l'intégrité des territoires,
tels que le traité de Paris les a fixés ; pourquoi
ne serions-nous pas *fédérés* pour le maintien des
constitutions et des dynasties? Cette convention
n'emporteroit pas plus que les autres abnéga-
tions de l'indépendance nationale ; elle poseroit
seulement de nouvelles limites au droit de la
guerre.

Rien donc ne doit empêcher les puissances
européennes de négocier et de signer un traité
qui reconnoisse, détermine et limite le droit
d'intervenir dans les mouvemens révolutionnaires
intérieurs des états.

---

Reprenons la suite de notre *Tableau.*

Une troisième révolution a signalé cette année,
c'est celle du *Portugal.* Les causes qui l'ont
amenée diffèrent encore de celles des deux pré-
cédentes. L'absence prolongée du roi dans un
autre hémisphère, le dépérissement de la métropole et la nomination d'un vice-roi étranger,
voilà ce qui l'explique et en même temps ce qui
la justifie.

Un roi ne peut jamais avoir le droit de s'ab-
senter indéfiniment de son royaume ni même
celui de transporter, au gré de ses caprices, le
siége de son gouvernement. Sous le premier point

de vue, le Portugal, se considérant de bon droit comme le véritable royaume dont les colonies ne sont que des dépendances, pouvoit regarder l'absence de son roi comme un commencement d'abdication. Sous le second point de vue, si on veut considérer l'ensemble des possessions portugaises comme un royaume-uni, ainsi qu'il a plu au roi de décréter, le choix de Rio-Janeïro pour capitale est injuste et oppressif pour la majorité de la nation. La position de la capitale est une question politico-géographique du plus grand intérêt, et qui n'a pas encore été approfondie. Une capitale doit toujours être placée au milieu non pas précisément du territoire, mais de l'activité nationale; elle doit aussi être, le plus que possible, à l'abri d'une attaque ennemie; enfin, elle ne doit pas être tout-à-fait hors du centre de la population. Ce seroit un acte tyrannique d'un roi d'Angleterre de fixer sa résidence à Edinbourg ou à Dublin, le parlement s'y opposeroit; mais s'il alloit résider à Calcutta, il seroit de bon droit déchu du trône. Comment donc pouvoit-on prétendre qu'un pays européen reçût ses lois et ses ordonnances d'une contrée américaine? S'il est impossible de choisir une capitale commune, il faut se séparer; mais le Brésil obéiroit encore avec plaisir à Lisbonne, s'il en recevoit des lois sagement libérales et une impulsion conforme à ses intérêts, qui ne sont nullement opposés aux intérêts généraux de la monarchie portugoise. Il est également certain que les pouvoirs immenses conférés à un étranger, bien que naturalisé, étoient contraires aux anciennes lois fondamentales du royaume, à l'esprit de la révolution de 1640, aux principes qui avoient placé la maison de Bragance sur le trône.

Il seroit donc bien injuste d'attribuer à un simple vertige révolutionnaire ce qui est évidemment l'ouvrage des sentimens nationaux, réduits au désespoir par un absurde système de gouvernement. Il paroît même que les auteurs de la révolution, tous officiers supérieurs ou fonctionnaires importans, n'ont pas même appelé à une coopération active le petit peuple des villes ni les habitans de la campagne. Tout le mouvement s'est réduit à un ordre du jour affiché à Oporto, à une parade de la garnison de cette ville, une marche de quelques régimens sur Lisbonne, et puis beaucoup d'illuminations, de harangues et de proclamations. Lorsque, plus tard, les chefs militaires se sont disputé les places, tout s'est passé dans les salons; à peine le peuple de la capitale s'est-il attroupé pour crier un peu en faveur de l'un et de l'autre candidat. Lors des élections, même apathie dans les provinces du midi et de l'intérieur. «La majorité de la noblesse portugoise,

« plus amollie, plus vaine et plus dépourvue de
« lumières politiques que celle d'Espagne (1), »
s'est abstenue d'intervenir dans les élections, et
par conséquent les cortès de Portugal se trouvent
exclusivement composées des partisans des idées
nouvelles. Point d'opposition! pas même de con-
tradiction! La révolution règne tranquillement au
nom de *Jean VI*, qui semble y donner son adhésion tacite, ou qui, du moins, n'y oppose aucune démarche ostensible.

Mais le parti vainqueur nourrit dans son sein
l'ennemi le plus dangereux, c'est un enthousiasme aveugle qui pousse tout à l'extrême, et qui
demande seulement une chose aux législateurs :
Faites la constitution bien vite, et rendez-la encore « *plus libérale* » que celle des Espagnols.

Rien n'étant terminé dans ce pays, nous n'en
dirons pas davantage. Passons aux états de l'Europe qui n'ont pas été bouleversés par des révolutions.

Les fatales discordes qu'on a fait éclore en
*Angleterre* pour le procès de la reine n'ont pu
ébranler la constitution britannique ; mais elles
en ont mis plus à découvert quelques inconvéniens toujours inévitables dans les œuvres hu-
maines ; elles ont diminué la confiance populaire

_______

(1) ***El Universal.***

dans le système représentatif le mieux éprouvé; et c'est pour ne pas risquer davantage l'antique réputation de la constitution, que le gouvernement a fait à l'opinion égarée le sacrifice d'un triomphe assuré sur une femme coupable.

Il faut considérer cette fameuse affaire sous deux rapports entièrement différens, sous celui qu'elle avoit avec *la classe des hommes politiques*, et sous celui qu'elle avoit avec *la classe gouvernée*.

Pour les hommes appelés à jouer un rôle politique, la véritable question étoit celle-ci: Décider par une grande lutte parlementaire, lesquels, des *whigs* ou des *torys*, de l'aristocratie indépendante ou de l'aristocratie ministérielle, sont les plus habiles à gouverner l'Angleterre d'après sa constitution existante? Le lecteur instruit sent aussitôt que cette question touche aux plus grands intérêts de l'Europe; car si les *whigs* arrivoient au pouvoir, tout aristocrates qu'ils sont à l'égard de l'Angleterre, ils seroient obligés, par leur conduite antécédente, à favoriser au-dehors l'esprit révolutionnaire; ils s'allieroient avec l'Espagne, avec Naples; ils souriroient à tous les changemens de dynasties légitimes; ils prêteroient la main à l'humiliation des trônes absolus, et, par ostentation de générosité, ils déchaîneroient peut-être, pour leur propre perte, le redoutable génie attaché au rocher de Sainte-

Hélène. Changer le système politique de l'Angleterre, c'est changer la face du monde politique.

On savoit, depuis bien des années, que le roi actuel d'Angleterre, alors régent, se croyoit outragé et trahi par son épouse ; on savoit aussi quels obstacles la constitution opposoit à un divorce ; car la dignité des parties leur interdisoit l'accès des tribunaux ordinaires, et la chambre des pairs ne pouvoit être saisie de l'affaire que de deux manières : par la voie d'*empeachment* ou d'accusation portée par la chambre des communes devant la chambre des pairs, ou bien par la voie d'un *bill of pains*, c'est-à-dire d'une loi pénale et criminelle dirigée contre une personne pour un fait non prévu par la législation et ayant force rétroactive, le tout en vertu de la doctrine de l'omnipotence du roi et du parlement. Mais, de ces deux voies, l'une aboutissoit à un précipice, l'autre longeoit les bords d'un abîme. Le crime dont la reine étoit accusée n'ayant été commis qu'avec un étranger, n'étoit pas désigné par la lettre des lois angloises, et il faut toujours, dans ce pays, fonder une accusation sur une disposition législative littérale, dont l'*empeachment* devenoit impossible, tandis que, d'un autre côté, le *bill of pains* est considéré avec raison comme une dangereuse exception aux principes de la constitution, exception que la plus urgente nécessité peut seule excuser, et que même plusieurs publicistes voudroient tout-à-fait proscrire. Un procès contre la reine ne pouvoit donc que remuer les questions les plus embarrassantes, livrer à une discussion publique un des secrets du système constitutionnel et législatif du pays, réveiller toutes les accusations d'une tendance au despotisme qu'on a faites au gouvernement et à la majorité des chambres, et fournir texte aux déclamations des partisans d'une révolution décorée du nom de réforme.

Le ministère anglois cherchoit à éviter cette lutte ; car, moins aveuglé par l'ambition que les *whigs*, il savoit que le démon des révolutions épioit ce moment; mais la mort de Georges III ayant fait monter la princesse de Galles au rang de reine, il falloit ou lui en accorder les honneurs, ou trouver un moyen, soit légal, soit de convenance, pour l'en priver. Le premier parti eût été humiliant pour la couronne, après les bruits flétrissans qu'accueilloit alors l'opinion générale à l'égard de la reine ; le second paroissoit praticable tant que la reine restoit absente. Quel intérêt cette princesse, sur le retour de l'âge, avoit-elle à troubler le repos de l'Angleterre? Une augmentation de revenu? on ne la lui refusoit pas. La jouissance des honneurs? mais coupable ou non, elle avoit renoncé aux convenances, elle s'étoit jetée dans une société ignoble;

pouvoit-elle sérieusement aspirer à être replacée dans la gêne éclatante des cours? Privée de sa fille, elle ne pouvoit être attirée par la perspective d'un pouvoir futur. On ne s'attendoit donc plus à le revoir. On avoit évité, par une ruse de rédaction, de la nommer dans les prières publiques; on la croyoit complétement oubliée du public, et les hommes d'état même ne paroissoient que peu occupés d'elle.

Tout-à-coup son nom, naguère si obscur, retentit seul dans toute l'étendue des trois royaumes. Elle reparoît, non pas humble protégée de l'aristocratie des *whigs*, mais puissante souveraine du peuple de *radicaux;* non plus l'instrument d'une faction parlementaire, mais l'organe à la fois et le chef d'un parti populaire.

Ce fut probablement à Paris, dans l'intimité des *libéraux* françois, que l'alderman Wood, homme aussi probe et sincère que vain, turbulent et crédule, conçut le plan de s'emparer de la reine et d'en faire un tout autre personnage que l'opposition des *whigs* ne l'auroit voulu. Nous n'approfondirons pas cette donnée; il est sûr que, depuis Naples jusqu'à Paris et jusqu'au fond de l'Allemagne, toutes les branches de carbonari, de *libéraux*, de bonapartistes, de sandistes, firent éclater en faveur de la reine un zèle trop unanime pour ne pas être convenu et arrangé.

Peut-être, en cédant momentanément. en accordant à la reine les égards extérieurs, sans renoncer pour cela à l'accusation, le ministère auroit-il pu conjurer l'orage populaire et ramener l'opinion ébranlée. Mais, plein de confiance dans ses moyens légaux, dédaignant de flatter la multitude, le ministère poussa les poursuites sans délai et sans ménagement. La reine, de son côté, invoqua cette opinion populaire que ses adversaires avoient négligée; elle outragea toutes les autorités constitutionnelles, le parlement aussi bien que le roi. Dès-lors la démocratie toute entière se crut intéressée à la cause d'une reine qui prêchoit la souveraineté du peuple; la question n'étoit plus une question d'état, de législation, de haute politique entre les *whigs* et les *torys;* c'étoit une question de vie et de mort entre la classe gouvernante et les rangs inférieurs de la classe gouvernée, entre le trône avec le parlement d'un côté et la multitude toute entière de l'autre; question qui, à chaque instant, embrassoit les bases de la constitution, la prérogative de la chambre des pairs, le mode d'élection de la chambre des communes et jusques à la succession au trône. Tous les sentimens et tous les intérêts furent mis en jeu, aucun citoyen ne se crut indifférent; la nation entière se considéra comme formée en cour suprême, chargée, non seulement de réviser le jugement, mais encore de surveiller la procédure; idée généreuse en apparence, mais dont les applications produisirent les scènes les plus anarchiques, et jusqu'à des violences personnelles envers les témoins à charge.

La chambre haute, au milieu de toutes les clameurs populaires, après avoir entendu, pendant cinquante jours, d'immenses interrogatoires et de nombreux plaidoyers, vota la seconde lecture du bill, et par conséquent reconnut la culpabilité de la reine. La majorité ne fut que de cent vingt-trois contre quatre-vingt-quinze ; mais, parmi ceux qui rejetoient le bill comme inconstitutionnel, il y en eut beaucoup qui exprimèrent l'opinion la plus défavorable sur la conduite de cette princesse.

Sous le point de vue moral, l'accusation étoit justifiée aux yeux de tout homme impartial ; car, en admettant que la reine ne se soit rendue coupable que des apparences indécentes, en adoptant même l'hypothèse d'un des défenseurs les plus ingénieux de sa cause qui ne voit dans toute sa conduite qu'une sorte de comédie, jouée dans l'intention de se venger des froideurs d'un époux volage et des dédains d'une cour injuste (1), il faut toujours convenir que la dignité de la couronne étoit au plus haut point compromise par des extra-

(1) Cette hypothèse a été développée dans une suite des lettres insérées dans le journal *le Times*.

( 68 )

vagances auxquelles elle avoit appelé pour témoins l'Europe, l'Asie et l'Afrique. Une innocence aussi scandaleuse (si innocence il y a) est plus fâcheuse que ne l'auroit été une foiblesse décente.

Mais il restoit le point de vue légal et politique. Sous le premier, la clause du divorce faisoit une difficulté. Elle étoit la suite nécessaire d'une accusation en adultère, et même de la seule imputation d'une conduite licencieuse; sans cette clause, le bill eût été traité d'inconséquent. Cependant, si on adhéroit aux formes générales d'un bill de divorce, il eût fallu, d'après le droit canonique, toujours reconnu par l'église anglicane, démontrer que l'époux n'avoit pas, par un abandon volontaire, donné occasion aux fautes de l'épouse. Or, la séparation entre les deux époux étoit, non seulement un fait notoire, mais un fait reconnu indirectement par des actes du parlement. Les évêques anglicans et tous les membres de la chambre, animés de principes religieux, devoient donc regarder le vote d'un divorce comme illégal, tant qu'il n'auroit pas été précédé d'une enquête sur la situation relative antérieure des époux. Le ministère crut pouvoir remédier à cette difficulté en supprimant pour la troisième lecture la clause du divorce; mais l'opposition, s'apercevant du schisme entre les votans ministériels, fit la facile conclusion que, si la clause étoit maintenue, la majorité deviendroit excessivement foible, et que, pour maintenir la clause, il suffiroit de joindre les votes de l'opposition à ceux de la fraction ministérielle retenue par un scrupule religieux. L'opposition, qui avoit constamment défendu, du moins en masse, l'innocence de la reine, vota en masse le maintien de la clause du divorce. Le bill, avec cette clause, n'obtint, à la troisième lecture, qu'une majorité de *neuf* voix. Le comte de Liverpool, ministre, déclara sur-le-champ que le gouvernement retiroit le bill et renonçoit à toute poursuite légale ultérieure.

Ce résultat inattendu est-il dû à la crainte que les ministres pouvoient avoir de se trouver en minorité dans la chambre des communes?.... Mais ignore-t-on donc que l'influence ministérielle, hormis le cas de quelque grande contestation sur les principes constitutionnels, est mieux assurée dans les communes que dans la pairie?.... Ou bien le ministère croyoit-il consciencieusement devoir sacrifier sa conviction sur la reine à l'opinion dominante?...... Mais nous savons avec certitude que, non seulement parmi les pairs de l'opposition, mais encore dans toute la classe éclairée et indépendante, la reine étoit plus ou moins sévèrement condamnée. Quel est donc le véritable motif de cette démarche rétrograde? Nous allons le dire. C'est que tous les partis, représentés dans le parlement, désiroient mettre terme à une agitation qui les menaçoit de se voir tous éclipsés par un nouveau pouvoir in-constitutionnel, mais redoutable, par le pouvoir de la populace, qu'enflammoit l'idée d'un changement de constitution. Le parti qui veut changer l'antique constitution de la Grande-Bretagne, qui veut remplacer l'ouvrage de tant de siècles par une théorie dépourvue du sceau de l'expérience, ce parti, appuyé sur une multitude de petits intérêts, ne peut rien, tant que les grands intérêts restent unis pour le maintien des lois fondamentales. Que peuvent des boutiquiers, des ouvriers, des oisifs et des vagabonds, tant que le commerce, les fabricans, la propriété territoriale, l'église nationale, les deux chambres et le ministère (quelles que soient leurs vues d'ailleurs), restent unis dans leur attachement aux institutions anciennes? C'est la mer irritée qui mugit en vain autour de la digue qui l'arrête. Mais si cette digue s'entr'ouvre, si cette masse d'hommes politiques, de citoyens actifs (qu'on nous permette l'expression), se livre à des combats sur les principes même de la constitution, le parti révolutionnaire, le parti de la *réforme radicale*, voit aussitôt naître en sa faveur des chances nombreuses et variées. Il vient appuyer les *whigs*, sauf à les écraser à leur tour; il corrompt les institutions démocratiques, tant municipales que provinciales, et prive ainsi la couronne de ce secours contre l'aristocratie mécontente ; mais il n'est pas non plus sans danger pour les *whigs*, il insulte à leur orgueil, il dérange leur tactique et se laisse même employer comme instrument ministériel. Donc, l'accroissement en force et en audace de ce parti *hors* de la constitution rend les partis constitutionnels, soit du gouvernement, soit de l'opposition, moins sûrs du résultat possible des luttes où ils pourroient, dans d'autres circonstances, s'engager sans danger pour l'état.

Les questions à discuter, à l'occasion du procès de la reine, étoient de la nature la plus délicate et la plus grave ; elle touchoit à ces secrets de la politique nationale qu'on ne peut ni tout-à-fait cacher ni tout-à-fait dévoiler, à ces problèmes qu'aucune constitution ne sauroit complétement résoudre.

Un *bill of pains*, une loi pénale, rétroactive, personnelle, n'est-ce pas l'arbitraire introduit dans la constitution ? n'est-ce pas le despotisme parlementaire ?

Mais comment, de l'autre côté, priver les pouvoirs constitutionnels de ce moyen extrême contre des hommes puissans et ambitieux ?

L'*empeachment* qui procède d'après des formes légales connues, ne peut-il pas être éludé par un ministre rusé ? peut-il même atteindre toutes les aberrations criminelles et {dangereuses d'un membre de la famille royale ?

Cès questions constitutionnelles, générales, n'étoient pas les seules; il en naissoit d'autres du cas spécial même; on pouvoit demander si c'est le roi, comme individu, ou la couronne, le gouvernement, qui sont recevables à accuser la reine d'adultère; si un semblable procès peut être regardé comme une affaire de l'état dans le cas où l'âge des personnes met la succession légitime hors de danger; si le roi, se plaignant de son épouse, avoit d'autres priviléges que ceux d'un simple pair ; s'il avoit le droit de plaider en divorce, avant d'avoir fait juger l'adultère dans une cour ecclésiastique et dans une cour civile, assistée d'un jury? Ainsi, toute la prérogative royale étoit traînée devant le tribunal de l'opinion.

Qu'on se figure de telles questions discutées dans toute leur extension par la chambre des communes, après avoir été déjà entamées par la chambre des pairs! qu'on se représente une multitude de clabaudeurs hors de la chambre, saisissant une occasion aussi favorable pour appuyer dans les journaux et dans les réunions toute doctrine nuisible à la constitution qui auroit paru dans les débats; qu'on se peigne la foule de *radicaux* criant à chaque lutte entre les opinions parlementaires « que le meilleur moyen « de mettre tout d'accord, c'est de n'avoir ni « rois, ni reines, ni princes, ni pairs, ni mem- « bres de communes, ni grands-juges, ni avocats

« de la couronne, mais de remplacer tout cet
« inutile et nuisible appareil des monarchies par
« le *suffrage universel*, les *assemblées primaires*,
« le *congrès britannique* avec une commission
« exécutive! »

Voilà la lutte qu'il falloit éloigner à tout prix!
Whigs et Torys, tout Anglois, ayant des idées politiques, devoit trembler de déchaîner ces orages;
car qui auroit pu se flatter de les maîtriser, de
les diriger ?

La marche du procès devant la chambre des
pairs ayant éclairé tous les partis sur ces dangers, il n'y eut probablement aucun homme
d'état qui éprouvât un véritable mécontentement
de ce dénouement; c'étoit, en quelque sorte, le
*status quo ante bellum*, ressource ordinaire
des puissances belligérantes, lassées d'un com-
bat désavantageux ou périlleux. La reine restoit, comme auparavant, sous le poids des soup-
çons les plus honteux; elle ne recevoit que la
pension qu'on lui eût accordée en 1814, si elle
eût voulu l'accepter; et, quoiqu'elle n'ait pas été
légalement forcée à quitter l'Angleterre, le dé-
dain que lui montre la haute société, même la
plus anti-ministérielle, rendra sa position trop
humiliante en Angleterre pour être long-temps
tenable. Le seul moyen qui lui reste de se rendre
importante, est d'adresser des discours révolutionnaires à « *ses sujets* » les *radicaux ;* mais,

comme elle n'auroit plus l'excuse de sa défense, de semblables licences pourroient lui attirer une accusation de haute trahison à laquelle elle n'aura pas la témérité de s'exposer.

Débarrassée de cet élément de guerre civile, l'Angleterre va s'occuper des améliorations de sa constitution et de sa situation intérieure. Le système électoral a besoin de quelques légères modifications en faveur des grandes villes non représentées; et la législation, qui prive les catholiques de l'admissibilité aux hautes fonctions politiques, peut être adoucie sans blesser la prérogative de l'église dominante. Ces deux concessions à faire, l'une aux rapports nouveaux de population et de richesse que le temps a produits, l'autre aux idées d'indifférence pour les croyances que la philosophie a fait naître, touchent à de grands intérêts, à des institutions importantes, aux ressorts même de la constitution; mais elles sont inévitables, de l'aveu même de ceux qui, peut - être avec raison, veulent les retarder de quelques années. Nous aurons à en parler dans le *Tableau politique* de 1822, et, au préalable, nous tâcherons, dans le cours de 1821, de donner à nos lecteurs un aperçu original et détaillé de la véritable situation des catholiques d'Irlande.

La diminution de la trop généreuse taxe des soi - disant pauvres, et l'établissement des lois

équitables sur l'importation et l'exportation des
blés, ne demandent que l'abandon de ces principes d'une bienfaisance irréfléchie et universelle qui honorent le caractère anglois, mais qui
ne peuvent servir de base à la législation d'un
état vaste, populeux et agricole. Que les pauvres
travaillent ou qu'ils cherchent d'autres climats;
que le riche, l'industrieux ne se chargent plus
de nourrir la fainéantise, mais qu'on force tout
homme indigent et oisif à reprendre la bèche et
la charrue; que la concurrence des blés étrangers soit restreinte de manière à laisser au pro-
ducteur indigène un bénéfice suffisant pour l'en-
courager! voilà les principes sévères auxquels
les députés des comtés, les représentans de l'intérêt agricole rappellent la politique intérieure
de l'Angleterre; ils l'y rameneront tôt ou tard,
car l'intérêt agricole n'a jamais cessé d'être le
plus important de l'empire britannique, quoique
les progrès de l'industrie et du commerce aient,
à la suite des circonstances extraordinaires, produit des échanges étendus, rapides et lucratifs.

En convenant que les seuls embarras intérieurs
de l'Angleterre viennent de ce qu'on a trop favorisé l'intérêt commercial et manufacturier
aux dépens de l'agriculture, beaucoup de personnes répètent, d'après des auteurs mal infor-
més, que l'accumulation des propriétés territoriales entre un petit nombre de familles est

portée trop loin dans ce pays, et qu'elle est la source de l'indigence où se trouvent tant de milliers de gens du peuple. C'est un préjugé absurde; cette indigence n'est que factice pour la plupart de ceux qui s'en plaignent; s'ils vouloient se contenter d'une nourriture simple et abondante, elle ne leur manqueroit pas : le système de grandes fermes qu'on généralise aujourd'hui, ne rend pas les bras des laboureurs superflus, et n'empêche pas, à lui seul, l'existence de petites propriétés rurales. Mais l'envie de s'enrichir promptement et les attraits du luxe engagent les campagnards à se lancer dans des carrières industrielles déjà trop encombrées et dans la vie orageuse des grandes villes. D'ailleurs, si les terres à acheter sont en moindre quantité aux environs de la capitale que dans quelques pays continentaux, des provinces éloignées en offrent assez, et aucun Anglois instruit, quelle que soit d'ailleurs son opinion, ne se plaint de cette immobilité de la propriété territoriale que les François se plaisent à déplorer, et dans laquelle ils s'imaginent voir une source de révolutions prochaines. Personne, en Angleterre, ne pense seulement à introduire cette divisibilité infinie des possessions territoriales qui résulte des partages égaux entre les héritiers. Le droit d'aînesse, pour les biens patrimoniaux, est un principe fondamental pour les whigs comme pour les torys.

Cette heureuse constitution de la propriété est la garantie la plus sûre de l'Angleterre contre toute révolution violente, contre toute entreprise séditieuse, qu'elle ait pour auteurs des César ou des Gracchus.

La fameuse théorie sur la division et la balance des pouvoirs entre pour moins de chose qu'on ne le pense communément dans la constitution angloise. L'Angleterre politique est un vaste ensemble d'aristocraties, toutes fondées sur la conservation des propriétés dans les familles, d'aîné en aîné, par droit de primogéniture, sans qu'on ait besoin même, dans la plupart des cas, de substitution formelle. Cette loi commune fait un majorat en ligne directe de toute propriété foncière, une fois devenue héréditaire dans une famille, en laissant toutefois à chaque possesseur la disposition libre de ses biens acquis. De là ce nombre très-considérable de familles indépendantes, vivant noblement, sans avoir des priviléges déterminés de noblesse, familles qui forment l'élite, l'ame et la force de la nation. C'est dans les mains de cette classe de familles anciennement propriétaires que se trouvent tout le pouvoir administratif et une partie importante du pouvoir judiciaire; c'est parmi leurs membres que sont pris les shérifs, les juges de paix, les jurés, les commissaires de police, les inspecteurs des pauvres, des prisons, des maisons de charité; et, comme toutes ces places sont gratuites et même très-onéreuses, elles donnent, avec un grand pouvoir, avec un patronage étendu, une considération à la fois personnelle et héréditaire. On voit par là combien se trompent ceux qui regardent la pairie comme la seule noblesse qui existe en Angleterre. C'est à la vérité la seule partie de la noblesse qui ait des droits précis et fixes, non pas comme noblesse, mais comme corps politique; mais un usage constant en assure aussi à la noblesse non titrée ou à la *gentry*, qui compte même dans son sein plus d'anciennes familles que la noblesse titrée. Maintenant, si nous considérons les grands corps politiques comme tels, nous voyons que la chambre des communes, élue presque toute entière parmi les anciennes familles à grande fortune, est une véritable aristocratie territoriale, mitigée par le pouvoir populaire qui ne reparoît régulièrement que tous les sept ans. Le banquier le plus riche, l'avocat le plus éloquent, l'aventurier militaire le plus brillant, s'il n'est pas d'une famille anciennement possessionnée dans la province, n'a aucune chance dans les élections des comtés. Dans celles des bourgs, plusieurs pairs ont même une influence directe comme propriétaires. Enfin, les villes elles-mêmes choisissent en grande partie des députés étrangers au commerce. Les deux chambres, composées d'élémens presque similaires, ne s'amusent point du tout à jouer, l'une le rôle de l'aristocratie, l'autre celui de la démocratie, comme le rêvent nos théoristes : elles s'occupent à gouverner de concert la nation, et à conserver leurs priviléges respectifs. Cet esprit aristocratique, cet esprit de conservation et de privilége, descend par degrés à toutes les corporations, à toutes les associations ; il anime jusqu'aux dernières classes de la bourgeoisie.

Les avantages de cet état de choses sont manifestes. L'aristocratie politique possède ses droits fixés par la loi ; elle forme une longue série de corporations ou de magistratures qui s'appuient et se surveillent. La noblesse naturelle, embrassant toutes les familles distinguées par une fortune ancienne et une manière de vivre honorable, sert de cortége à l'aristocratie politique. Ainsi les droits de cette aristocratie se trouvent sous la sauvegarde de tout ce qu'il y a dans la nation de fort, d'éclairé et de considéré. D'un autre côté, la noblesse naturelle se confond par degrés avec la masse du peuple. Aucune limite tranchante, aucune barrière insurmontable n'irritent la jalousie populaire ; toute famille peut s'anoblir elle-même, en acquérant de la fortune et en servant le public ; mais le roi qui fait des pairs ne peut pas faire un gentleman ; c'est l'ouvrage de l'opinion et de la nature. Forcées ainsi à se maintenir elles-mêmes, ces deux aristocraties ont intérêt à conserver ces idées d'indépendance, d'honneur et de patriotisme qui constituent la noblesse morale, ce bel et unique reste de la chevalerie. Grâce à cet esprit aristocratique, un pays si commerçant n'est pourtant rien moins que dominé par l'esprit commercial proprement dit. Les négocians et les fabricans arrivent bien rarement à jouer un rôle comme législateurs. Le banquier millionnaire, vaincu dans les élections libres par une ancienne famille propriétaire, est réduit à acheter un *bourg pourri*, s'il veut entrer absolument au parlement, où il n'est pas sûr d'avoir du crédit parmi des propriétaires plus riches que lui et plus habitués aux discussions politiques.

L'aristocratie angloise n'est donc pas une classe isolée par l'odieux privilége de ne rien faire et de jouir de tout, comme la noblesse de cour de l'ancienne France; c'est l'élite véritable de la nation, qui, considérée dans son ensemble, unit la puissance politique et civile au lustre de son origine et à l'élévation de ses mœurs.

Comment cette aristocratie, qui est la nation, pourroit-elle jamais périr sous les coups d'une populace sans union, sans chefs et sans motifs stimulans? Il y a impossibilité, même au physique.

D'où viendroit-il à la multitude des principes d'union? Des chefs? des motifs d'excitation?

Les théories politiques ne peuvent jamais devenir dangereuses là où elles sont librement et

franchement discutées dans les feuilles quoti-
diennes, dans les réunions des citoyens, dans les
conseils nationaux. Pour des motifs de simple intérêt, les plus nombreux et les plus immédiats sont
toujours en faveur de l'ordre chez une nation qui
réfléchit et qui travaille. Il n'y existe que momentanément, dans quelques districts manufacturiers
et dans quelques grandes villes, une populace
oisive, et on ne pourroit, même avec d'immenses
moyens de séduction, soulever une masse tant
soit peu considérable de bras robustes et aptes
à la guerre civile. Les paysans catholiques de
l'Irlande sont un foyer de sédition; mais ils sont
séparés de radicaux anglois par le langage, les
idées et les distances. L'esprit de l'armée est nul
en politique, parce qu'il est mélangé de toutes
les nuances possibles. Où sont donc les élémens
dont un nouveau Catilina s'empareroit pour faire
une révolution? Quel est l'Anglois ambitieux,
factieux, révolutionnaire même, qui, s'il a du
talent et du courage, ne trouve pas, dans l'immense sphère de l'activité nationale, un métier
plus attrayant et plus lucratif que celui de chef
de conspirateurs? Ainsi, par un résultat naturel
du système constitutionnel, la volonté de faire
une révolution n'existe qu'à côté de l'impuis-
sance d'y réussir.

Ces développemens d'un fait qui n'appartient
pas particulièrement à l'an 1821, nous ont paru

6

nécessaires à cause du redoublement de crédu-
lité avec lesquels les prétendus politiques françois de diverses opinions ont attendu depuis six
mois *la chute de l'Angleterre*. Les uns y voyoient
le triomphe de l'égalité et du radicalisme, les
autres espéroient qu'il en sortiroit un bon et solide
despotisme ; quelques - uns se flattoient que les
catholiques ressaisiroient le pouvoir, et converti-
roient, de gré ou de force, les membres de
l'église anglicane ; il y en avoit surtout beaucoup
qui se seroient contentés de voir le commerce
anglois ruiné et la banque de Londres en faillite.
Tous s'accordoient à regarder « la chute de
l'Angleterre » comme l'époque définitive de
l'établissement de cette *monarchie universelle*
dont la France a si souvent essayé en vain d'élever
le pompeux édifice. Nous ne chercherons pas à
dissiper ces doux rêves qui amusent encore tant
de gens. Mais, puisque les Juifs, en attendant
leur Messie, s'occupent de leurs affaires, ne
seroit-il pas possible que la France, en attendant la chute de l'Angleterre, pût s'occuper des
moyens de perfectionner paisiblement son état
politique, administratif et commercial?

La *France*, dans le cours de l'année dont
nous traçons ici l'histoire, a reçu de la Provi-
dence un avertissement sévère. La tige royale
des Bourbons a failli être tranchée pour toujours par le fer parricide d'un monstre qui ne

tient sans doute pas d'une manière directe à aucune de nos grandes factions politiques, mais qui n'en est pas moins le représentant d'un atroce et sanguinaire fanatisme, reste impur de ces sentimens exaltés de démocratie et de gloire militaire qui, mêlés et confondus ensemble, ont, sous une direction habile, produit les grands succès de la république et de l'empire. *Louvel* est donc quelque chose de plus terrible, de plus effrayant que ne le seroit un simple conjuré, instrument d'une conspiration même la plus formidable. Il a été l'organe d'un sentiment populacier de vengeance et de rage contre la dynastie que la révolution avoit voulu proscrire. Voilà cette *mission* dont il se croyoit chargé, voilà ce grand intérêt qui avoit excité et qui a soutenu sa farouche et silencieuse énergie. Son crime, quoique isolé dans ses rapports matériels, a d'immenses ramifications dans le sens moral; il est semblable à une de ces petites traînées de fumée qui échappent d'un volcan, et qui prouvent l'existence d'un foyer souterrain dont la pensée ne sauroit mesurer la profondeur. Tel est le volcan mal éteint de la révolution sur lequel nous marchons.

Quelle auroit dû être la conséquence immédiate de ce triste événement? quelles résolutions auroit-il dû provoquer?

Il sera évident, aux yeux de l'impartiale histoire, que c'étoit le moment de réparer les erreurs de 1814 et les tâtonnemens de six années subséquentes, en complétant et consolidant, par une mesure rapide et définitive, cet édifice des lois constitutionnelles toujours ébauché et qui toujours s'affaisse d'un côté pendant qu'on l'élève de l'autre, parce qu'au lieu de l'offrir tout fini à un peuple soumis qui l'auroit accepté avec gratitude, défendu avec fidélité, on a mieux aimé essayer de l'achever au milieu des discussions, nécessairement orageuses, des hommes de parti, avides de pouvoir et divisés par des intérêts personnels les plus exaltés, les plus aveugles, les plus factieux.

En soumettant ainsi à la discussion ces bases de la société qui, pour avoir leur caractère naturel de légitimité et de sainteté, doivent, ou être dictées par un législateur souverain, ou être élevées par la main des siècles, on multiplie les occasions de douter de la force des autorités légitimes, d'irriter l'esprit révolutionnaire et de réveiller les espérances du crime.

Discuter sur le mode d'exister de l'état, c'est presque toujours mettre son existence même en danger.

Nous avions signalé ce terrible écueil, l'année passée; le vaisseau de l'état continue à y être poussé par les vents et les flots.

Nous avions indiqué des lois fondamentales, des dispositions indispensables qui manquent à notre code constitutionnel. Un seul pas a été fait dans cette vaste carrière, il est important, il est rassurant ; il est loin d'être décisif. Le système électoral, livré à la discussion, avoit été posé sur une base numérique et matérielle qui excluoit les influences morales les plus salutaires. Une simple échelle de contributions déterminoit les droits politiques ; mais le vice et la vertu, la stupidité et le talent, l'extravagance et la sagesse peuvent également atteindre au même niveau de richesse. Dans un moment où règnent les passions avec une violence extrême, un système semblable, toujours dangereux, devenoit funeste ; il livroit tout à la force du plus grand nombre. Il auroit fallu, plus encore que dans un temps ordinaire, donner du pouvoir aux supériorités morales. On n'a pas précisément pris cette route ; on ne l'auroit pu. Mais, en divisant les intérêts numériques et matériels, en créant de nouveaux colléges électoraux d'un rang supérieur, où domine la grande propriété territoriale, on a en partie atteint le même but, puisqu'on a doublé l'influence d'un intérêt, matériel il est vrai, mais qui est l'allié habituel des intérêts moraux, et qui, particulièrement dans la situation actuelle de la France, est ennemi des doctrines révolutionnaires. On a ainsi donné à la stabilité et à la tranquillité de l'état une garantie réelle ; et, quoique notre système électoral soit encore

Loin d'offrir toutes les combinaisons désirables, il offre du moins la possibilité d'une situation où l'on pourra plus tranquillement délibérer sur l'achèvement des lois fondamentales.

Cette possibilité existera lorsqu'une assemblée élective, composée d'hommes sages, sanctionnera, sans de longs et d'inutiles discours, un ensemble d'institutions propre à rattacher tous les intérêts particuliers aux intérêts généraux de la société.

Qu'est-ce, au fond, que cette prétendue opposition des anciens et des nouveaux intérêts, sur laquelle nos hommes de parti font aujourd'hui rouler toutes leurs discussions?

D'un côté, on crie :

« *Les anciens intérêts* sont les seuls appuis naturels
» d'un trône ancien et légitime ; or, les anciens
» intérêts n'ont pas obtenu un triomphe complet
» par la restauration ; bien loin de là, ils souffrent
» encore, ils voient à côté d'eux les nouveaux
» intérêts reconnus et protégés. Pouvez-vous le
» tolérer, monarques ? puisque *toute légitimité*
» *réside dans les rois seuls* (1), c'est-à-dire,
» comme les droits des nations ne sont rien,
» accourez, monarques du Nord, de l'Afrique,
» de la Chine pour faire triompher les anciens

_________

(1) Cette hérésie politique a été réfutée dans notre *Tableau de l'Europe* de 1820, chap. 2.

» intérêts, et , avec eux, la cause sacrée de *votre*
» légitimité. Rendez à l'ancienne noblesse un
» pouvoir politique exclusif; renversez toute ins-
» titution nouvelle. L'Europe a-t-elle des armées,
» le ciel a-t-il des foudres pour autre chose que
» pour rétablir l'ancien ordre des choses ? »

De l'autre côté, s'élèvent des cris non moins
impérieux.

« La révolution a fait triompher les nouveaux
» intérêts; la Charte n'a d'autre but que de pro-
» clamer les nouveaux intérêts; respectez-les,
» ils sont victorieux; redoutez-les, ils sont armés,
» et ils ne pardonnent rien; donnez-leur les ga-
» ranties qu'ils demandent. — Et que deman-
» dent-ils? — Ils demandent à régner, à tout
» soumettre, à posséder tout. Otez-leur jusqu'au
» moindre sujet d'inquiétude. — Et qu'est-ce qui
» les inquiète ? — Tout ce qui n'est pas eux, tout
» ce qu'ils n'ont pu tuer. »

Nous croyons avoir résumé dans ce peu de
mots clairs et simples toute la profonde méta-
physique et toute la haute politique de nos orateurs et de nos écrivains.

Ces propos (car le nom de doctrine seroit ici
mal appliqué), ces propos sont absurdes, mais
ils peuvent être très-funestes; ils semblent énoncer
un fait, et la seule apparence d'un fait entraîne
tous les esprits paresseux; ils s'adressent à des
intérêts personnels, et soulèvent par conséquent

des passions haineuses, turbulentes, insatiables.
Il y a plus : les intérêts contraires, menacés d'un
système de proscription, se soulèvent à bon droit.
La société est ainsi divisée en deux armées ennemies. On donne à quelques intérêts personnels,
vrais ou factices, légaux ou illégaux, cette haute
importance, cette puissance morale, cette suprématie politique qui n'appartent qu'aux intérêts
permanens et généraux de la société. On se refuse
à voir que les intérêts de la société, les seuls
indestructibles, les seuls irrésistibles, suffiroient,
s'ils étoient dûment représentés dans l'organisation politique, pour absorber les intérêts personnels de tous les genres.

Nous devons donc, avant tout, examiner les
prétendus faits.

Qui a jamais prouvé qu'il existoit réellement
deux masses d'intérêts distincts, opposés, incompatibles, l'une attachée à l'ancien régime,
l'autre aux institutions nouvelles ?

Une révolution aussi longue et préparée d'aussi
loin que celle qui a bouleversé la France et les
pays voisins, mêle et confond nécessairement
beaucoup d'intérêt en les déplaçant ou en leur
donnant de nouveaux points de contact. Amis
et ennemis, tous se retrouvent dans une position
nouvelle, incertaine et mixte; ni l'ordre ancien,
ni l'ordre nouveau ne conviennent parfaitement
à qui que ce soit. On croit généralement que les

rois, la noblesse, le clergé sont naturellement portés pour les anciennes formes de la monarchie. Cependant, à regarder de plus près, ces trois intérêts ne s'accordent pas sur des questions importantes. La royauté, telle qu'elle existoit avant la révolution, avoit une tendance beaucoup trop marquée à affoiblir, à anéantir même le pouvoir politique de l'aristocratie; la royauté se trouve aujourd'hui balancée dans beaucoup de constitutions par des contre-poids moins forts, moins solides que ne le seroient ceux des anciennes constitutions, si elles pouvoient être complétement rétablies. La noblesse reste divisée comme autrefois par deux intérêts opposés, celui qui sacrifioit tout à l'intérêt des cours et celui qui défendoit les libertés provinciales; la révolution y a ajouté de nouvelles divisions : tel noble ancien a participé aux résultats les plus brillans ou les plus lucratifs du nouvel ordre des choses; tel autre, resté en arrière, ne gagneroit aujourd'hui, au rétablissement de la féodalité qu'on l'accuse de désirer, d'autre avantage que de devenir lui-même le vassal de quelque nouveau riche.

Le clergé, quoique uni par un lien impérissable, n'a pas absolument, dans les affaires terrestres, les mêmes intérêts personnels; il y a dans ses rangs aristocratie et démocratie; il y a même des esprits de corps opposés, et on a vu, dans ces jours même, une partie du clergé séculier d'Espagne appuyer les mesures contre ceux d'entre les ordres monastiques qui méritoient le plus de respect, et qui aussi excitoient le plus de jalousie. Il y a jusqu'à de vieilles subtilités de dialectique qui, survivant à tant de grandes catastrophes, nourrissent encore dans l'église gallicane des antipathies funestes.

Mais si telle est la complication des anciens intéréts, celle des nouveaux n'est pas moins grande. D'abord, la partie du tiers−état qui a pris une part active à la révolution, par haine contre les supériorités de naissance, de rangs et de droits politiques, après avoir cru renverser l'ancienne noblesse, a vu tout−à−coup sortir de son propre sein une noblesse qui s'est trouvée aussitôt revêtue de ces indestructibles supériorités. C'est l'écueil inévitable de tous ces efforts contre la nature des choses que la démocratie fait pour être tout, au lieu de se contenter de bien remplir sa place légitime. La loi ne peut ni créer ni anéantir l'aristocratie ; toujours la force vient se placer à la tête de la société ; la législation, l'opinion, le temps consacrent ces ennoblissemens naturels, et la surface du monde social, en vain nivelée par les révolutions les plus terribles, reprend toujours ses inégalités, aussi nécessaires que le sont les montagnes et les vallées au monde matériel. Ceux que le bouleversement n'a pas portés à ces nouveaux sommets de la société, éprouvent constam ment de nouveaux paroxysmes de leur ancienne fièvre d'égalité ; de sorte que tel homme de la révolution voit tous ses intérêts d'honneur et de fortune fondés sur des majorats, des substitutions et des priviléges, tandis que tel autre, son ancien frère et ami, pousse des cris de rage contre les accumulations de propriété, et se flatte qu'à défaut d'un nouveau pillage des riches, la destruction de la grande propriété lentement opérée par le Code civil assurera au moins à ses petits-fils la satisfaction de voir tout le monde pauvre. Ces deux intérêts incompatibles, sortis de la révolution même, ne peuvent rester unis que pour combattre les anciens intérêts ; aussi, si nous voyons quelques chefs marcher ensemble, c'est sous le drapeau de la haine et de l'inquiétude. Ce sont eux qui veulent faire partager ces tristes passions à cette immense masse des gens honnêtes, modestes et naurellement étrangers à tout intérêt factieux.

Mais la subdivision de nos sociétés modernes en tant d'états et de métiers divers, produit trop d'intérêts opposés pour qu'aucune habileté révolutionnaire puisse les réunir dans un faisceau solide. Parlez à l'un des bienfaits de la paix, vous chagrinez secrètement celui qui avoit fondé son avenir sur son sabre. Etablissez la liberté du commerce, vous aurez contenté l'armateur qui veut parcourir sans gêne la vaste étendue de la mer, vous plairez au consommateur qui veut acheter à bon marché de bonnes marchandises ; mais comment ferez-vous partager leurs senti-mens par ce fabricant qui fonde son débit sur l'exclusion des concurrences étrangères ? Partout la liberté et le monopole sont en présence dans le monde industriel, comme l'égalité et le pri-vilége dans le monde politique. C'est donc uni-quement par des illusions, par des fables, par des bruits mensongers qu'on peut enrégimenter ces intérêts contraires sous un étendard commun; pour se désunir, ils n'ont qu'à se regarder.

Tous les intérêts personnels, anciens ou nou-veaux, sont donc foibles en eux-mêmes, divisés, incertains, irrésolus; mais ils deviennent forts, puissans, redoutables, quand ils se rattachent à des intérêts permanens et généraux de la société. La noblesse ne peut rien pour ramener les autres classes à l'état de vasselage; mais elle agit avec force sur la raison publique, lorsqu'elle présente les supériorités politiques, comme les meilleures garanties de l'ordre et de la liberté. Le clergé est nul pour ressaisir ses abbayes et ses béné-fices simples; mais il remue le fond de tous les cœurs quand il rappelle la nécessité d'un senti-ment supérieur aux choses terrestres, et d'un culte public qui manifeste ce sentiment. La dé-mocratie est ridicule quand elle parle de faire parvenir tous à tout, ou quand elle veut défendre

aux familles le droit de devenir et de rester distinguées par l'accumulation des propriétés; mais
elle émeut tous les intérêts, anciens aussi bien
que nouveaux, quand elle réclame les libertés
individuelles et les libertés communales, quand
elle attaque cette centralisation excessive du pouvoir administratif sous laquelle la monarchie et
la liberté sont également exposées à succomber.

D'où vient tour à tour tant de force et tant de
foiblesse?

C'est que toute force politique ou sociale est
fondée sur un principe de droit; c'est qu'à égalité
de talent, celui qui en appelle aux intérêts légitimes de la société est toujours sûr de rallier
définitivement à son étendard le plus grand
nombre d'intérêts personnels.

Que doit donc faire la royauté, placée au milieu de tous ces intérêts personnels, avec le devoir auguste de les dominer, avec la mission
céleste de les épurer, de les calmer, de les en-
noblir! Où prendra-t-elle la force nécessaire
pour se faire obéir?

Ira - t - elle compter les hommes attachés à
chaque intérêt ancien ou nouveau, pour savoir
de quelle part se trouve la force physique ou du
moins numérique, et pour venir lâchement se
ranger du côté de ceux qu'elle croit les plus
forts? Mais on est toujours l'esclave de ceux qu'on
reconnoît ainsi pour ses maîtres : la royauté lé-

gitime, fondée sur une alliance exclusive avec les intérêts révolutionnaires, n'auroit qu'une existence précaire, et ne pourroit être regardée que comme une douce transition à l'empire complet de l'illégitimité.

La royauté croiroit-elle acquérir de la force en étendant ses attributions ? Mais ce n'est pas en prenant une épée plus longue qu'on rend son bras plus fort. La royauté n'a aucune force réelle et durable pour combattre ou pour comprimer les autres élémens naturels de la société. Dès qu'elle voudroit anéantir l'aristocratie et la démocratie, elle se mettroit en guerre avec les intérêts légitimes et permanens de la société; elle cesseroit d'être une force sociale et ne seroit plus qu'une force de parti.

Cherchera-t-elle alors, en flattant à la fois tous les intérêts personnels, en balançant les uns par les autres, à se créer, au milieu du conflit, un intérêt particulier par des faveurs et des grâces ? Mais ce système, quoique utile en seconde ligne, ne peut se soutenir à lui seul. Il a deux vices graves. D'abord, lorsque tous croient avoir droit à tout, chaque pluie des faveurs fait germer une moisson de mécontentemens. Les richesses de la société entière ne suffiroient pas pour satisfaire, même médiocrement, la somme totale des vœux de l'intérêt personnel. D'un autre côté, il y a tant d'intérêts personnels imaginaires, injustes, contraires à l'intérêt général ; en voulant les caresser, vous ne pourrez créer que des institutions foibles, des lois flexibles. Ce système n'offre donc qu'une ressource temporaire et partielle ; il produit ces perpétuels changemens dans l'administration qui ôtent aux peuples la confiance dans les plans les plus sages et les intentions les plus pures ; il s'écroule subitement dans les grandes catastrophes ; on en a vu l'exemple après le 13 février.

Il n'y a qu'un moyen pour un gouvernement de se rendre plus fort que tous les intérêts particuliers, c'est de se placer franchement, énergiquement, activement à la tête des intérêts permanens et généraux de la société, afin de comprimer tout ce qu'il y a de factieux, d'éphémère, d'imaginaire dans les intérêts personnels, mais aussi de satisfaire tout ce que ces intérêts offrent de vrai, de constant et de légitime.

On nous dira : Cette règle générale est depuis long-temps reconnue, avouée, proclamée. Le gouvernement royal de France ne marche - t - il pas dans ce sens ?

Oui, mais il y marche au milieu des chocs alternatifs des deux factions que nous avons désignées ; il peut, il doit arriver au but ; mais il n'y arrivera que lentement et à travers des chances périlleuses qu'il seroit possible d'éviter, si on vouloit reconnoître le principe suivant, consacré par l'expérience des siècles :

« Les peuples ne peuvent pas, par eux-mêmes, se constituer en corps de nation organisée ; un pouvoir constituant doit leur donner l'ensemble de leurs institutions fondamentales, sans appeler l'opinion publique à une lutte inutile et souvent funeste. »

D'où tirez-vous ce principe *despotique* et *anti-national ?* nous demandera un *publiciste* de l'école révolutionnaire. — De toutes les républiques célèbres pour la sagesse de leur constitution. Toutes, elles ont chargé un seul citoyen ou un conseil peu nombreux et secret de décréter l'ensemble de leurs lois fondamentales. Le plus démocrate des législateurs, Solon, ne fit pas discuter ses institutions par les représentans du peuple.

La raison de ce principe est évidente. Une masse d'individus n'est mue que par mille intérêts particuliers ; mais ce n'est que sur les intérêts généraux qu'un gouvernement peut s'appuyer, ce n'est que sur les intérêts permanens que le législateur constituant peut compter, car c'est pour eux qu'il doit constituer l'état. Comment les intérêts permanens et généraux de la société peuvent-ils se manifester au gouvernement et se mettre avec lui dans une relation intime et constante ? Il ne suffit pas pour cela qu'ils soient reconnus en principe, qu'ils soient respectés, ménagés, protégés, il faut qu'ils soient organisés d'une manière positive, visible, corporelle. Chaque masse principale des citoyens, chaque classe des propriétés, chaque état et chaque profession, a ses intérêts permanens et légitimes; comment les manifester, les surveiller, les rectifier par des concessions mutuelles, si les masses d'individus ne sont pas classées constitutionnellement et pourvues d'organes légaux? D'une autre part, l'enthousiasme, l'intrigue, le frivole amour de la nouveauté, entraînent facilement des multitudes d'individus qui n'ont pour se diriger que leurs lumières personnelles; mais elles remuent, avec bien moins de rapidité, moins de violence, ces corps politiques, ces associations permanentes, qui sont guidées par des doctrines constantes, résultant d'un intérêt invariable. Cette observation générale acquiert une force particulière de la situation où la révolution fait tomber la France. Quelques rêveurs systématiques ont imaginé, il a une trentaine d'années, qu'à toutes les profondes et ingénieuses combinaisons de tant de ages et de grands législateurs pour classer les intérêts sociaux, on pouvoit substituer quelques abstractions sur des droits généraux. Au lieu de rectifier, de compléter et de consolider l'ancien édifice, on l'a rasé autant qu'on a pu, et ensuite on a élevé une immense *baraque* sans divisions, sans compartimens, où on a logé pêle-mêle tout un peuple. On a brisé tous ces corps dont les intérêts vastes et permanens dominoient les ambitions personnelles, et on se fâche contre l'audace et la force de ces ambitions ! On a tout réduit à des individus, et on se plaint que la société n'est pas gouvernable ! On bâtit avec du sable, et on s'étonne de voir tous les vents le soulever en tourbillons qui menacent de tout ensevelir !

Le pouvoir royal, en 1814 ( nous l'avons démontré dans notre précédent *Tableau* ), étoit, de plein droit, *constituant ;* il pouvoit, il devoit créer les autorités et les corporations départementales et communales, base première de la société, et sans lesquelles les deux chambres ressemblent à un premier étage suspendu en l'air. Il devoit encore fixer en détail les opérations électorales, et tracer au moins le réglement général des séances parlementaires. Les *cortès* de Cadix, ces cortès d'une légitimité si équivoque, n'ont pas hésité sur leur droit de faire toutes ces organisations, et en cela ils ont été habiles, car un ensemble, même vicieux, est toujours plus fort et plus gouvernable que des fragmens.

. Il n'y a toutefois rien de désespéré dans la situation de la France, si le gouvernement poursuit les avantages qu'il a déjà obtenus par la loi des élections. A une assemblée où domine déjà une majorité, pleine de bons sentimens, d'attachement au trône légitime, même de déférence pour le gouvernement, on pourroit, avec une volonté forte et une habileté ordinaire, faire suc-

céder une assemblée , je ne dirai pas plus monarchique, plus françoise en masse, mais plus
largement dotée de talens politiques et de lumières législatives que le côté droit, plus fortement animé de l'esprit d'une liberté légitime
que le côté gauche. Une semblable assemblée
peut encore, et même dans une seule séance,
consolider à jamais la monarchie et anéantir pour
toujours les espérances de la révolution.

Elles ont sans doute une chance apparente,
ces coupables ou folles espérances. Cette chance
honteuse , que les écrivains factieux se gardent
bien d'indiquer, cette chance terrible sur laquelle
seule les Machiavels de la révolution comptent,
c'est l'avilissement de la génération actuelle,
l'affoiblissement de tous les liens moraux de la
société, et plus spécialement la corruption des
classes les plus influentes.

L'Europe (car ceci n'est plus spécial à aucun
pays), l'Europe ne s'améliore pas à cet égard ;
mais si nous voulons examiner tout de sang
froid, elle n'empire pas non plus, et cette foiblesse morale, dont notre siècle a tant souffert ,
arrête peut-être en même temps le mal et le bien.
L'égoïsme le plus absolu à la fois et le plus
myope domine tous les partis, toutes les associations. Les diverses classes de la société continuent de même le faux système de conduite que
nous avons signalé l'année dernière; nul rappro-

chement entre les intérêts, nul adoucissement des jalousies civiles; l'aristocratie et la démocratie persistent à se méfier l'une de l'autre, et à ruiner mutuellement leur considération et leur puissance; la noblesse fait toujours sentir aux bourgeois une vaine et ridicule fierté; la bourgeoisie lui rend la pareille, en opposant l'orgueil des richesses à l'orgueil des titres. Aucune classe ne sent sa vocation, ne marche vers le but légitime de son existence. L'esprit de famille devient de plus en plus rare. On ne vit plus dans ses enfans ni dans l'avenir. Le sentiment religieux s'éteint, tandis que l'hypocrisie et l'incrédulité se propagent avec des succès balancés; les sociétés secrètes, les coteries obscures de tous les genres travaillent de tous les côtés. Les *carbonari* et les jésuites ont gagné du terrain; la société commence à être fortement remuée par des leviers invisibles; l'intrigue est mieux organisée et plus protégée que jamais, et c'est pis qu'un crime, c'est un ridicule de ne pas être enrôlé sous les bannières d'une faction, et de ne pas servir aveuglément quelque intérêt de parti. Cette profonde perversité de la classe active de nos contemporains est accompagnée d'une égale mollesse qui empêche les vices de notre âge d'éclater avec une véritable énergie; la foiblesse mutuelle fait suspendre les coups dont on se menace; le peu de mérite des gouvernemens est soutenu par le peu de mérite des factieux et des rebelles; partout de petites combinaisons, nulle part un grand et héroïque dessein ; mille frondeurs insolens pour un conspirateur courageux ; mille intrigans de cour et de ville, se disant *libéraux* ou *royalistes*, peu d'individus qui voudroient s'immoler pour leur nation ou pour leur roi ; personne qui se soucie de donner à son parti, à ses chefs, un avis impartial, un conseil austère, mais des milliers de traîtres, ou, pour mieux dire, d'hommes déchirés dans l'intérieur de leur ame par des intérêts opposés qui les entraînent tour à tour; point de ces grands et beaux caractères qui puissent commander le respect, même à leurs adversaires ; à peine, parmi les écrivains de profession, quelques rêveurs qui renoncent aux agrémens de la vie pour soutenir une opinion indépendante et sincère. Tout le reste du peuple livré, avec une ardeur plus insatiable que jamais, aux spéculations lucratives ou censées telles, plus que jamais indifférent aux idées morales, parce que ces lectures frivoles l'étourdissent sans l'éclairer, et pourtant plus que jamais jugeant de tout au hasard et sur parole, parce qu'on l'invite à juger de tout, et particulièrement de ce qui est le plus au-delà de ses facultés intellectuelles.

Dans un tel état moral de la société, les grandes rebellions sont aussi difficiles que les grandes améliorations. Il faut pour cela un motif extraordinaire, un stimulant très-douloureux ; nous avons déjà démontré qu'en Espagne le despotisme, le renversement de tout ordre constitutionnel, l'absence de toute institution nationale rendroient facile le succès d'une insurrection ; nous avons vu que le désir, au fond très-légitime, de l'indépendance de l'Italie, fournissoit un solide point d'appui aux machinations des *carbonari*. En France, tout élément décisif d'une révolution subite manque et manquera long-temps. Les événemens de l'année 1820 en ont fourni deux preuves.

Les factieux qui, au mois de juin, ameutoient les badauds de Paris pour pousser d'une manière séditieuse un cri légitime en lui-même, ont vu que, pour mener la multitude à des combats sérieux, une simple théorie politique ne suffit pas. Ils n'auroient pas même eu l'amusement de former des groupes sans la coupable violence d'une faction opposée.

Les conspirateurs du mois d'août ont fait l'expérience, non moins importante, que l'armée, quoique renfermant beaucoup de mauvaises têtes, compte dans ses rangs peu d'hommes disposés à soutenir par la rebellion un changement politique, dans quelque sens que ce soit, et que ce petit nombre d'intrigans ne se croit pas en état de diriger le soldat autrement que par des moyens de surprise.

Mais il y a mieux en France qu'absence d'un élément décisif de révolution ; il y existe un élément de réorganisation sociale aussi puissant que facile à manier, pourvu qu'on sache l'apprécier. C'est l'esprit de l'honneur personnel. Les François, tout en invoquant l'égalité contre les supérieurs qu'ils n'aiment pas, sont essentiellement aristocrates; ils désirent du pouvoir, de l'éclat, des distinctions. Saisissez donc ce moyen d'organisation; mais dirigez-le dans le véritable sens de l'intérêt général; ne favorisez ni cette aristocratie de banquiers que demande la faction démagogique, ni cette aristocratie de titres que réclame la faction des courtisans; reconstituez le privilége comme institution politique et conformément aux besoins du siècle. L'opinion du public éclairé ne repousse point une aristocratie sagement combinée et fondée sur l'honneur héréditaire des familles. Mais, grâce aux changemens que la civilisation moderne a produits dans les rapports des classes et des individus, ce principe d'honneur, principe vital de tout gouvernement, quelle qu'en soit la forme, ne peut plus être fondé, du moins en France, sur la féodalité, sur la chevalerie, sur de vieux parchemins ou des parchemins d'hier, mais uniquement sur la propriété héréditaire, patrimoniale, et dont la longue conservation dans la famille prouve la continuation d'une conduite honorable, et fait présumer des principes d'ordre, ainsi que des lumières politiques. Le privilége de l'honneur, ainsi défini, doit prédominer sur l'ascendant des richesses pures et simples.

Tel est l'intérêt de la société ; il n'est nullement contrarié par les intérêts privés les plus influens.

Si on nous dit que les intérêts nouveaux, c'est-à-dire, en langage clair, les hommes et les familles qui, depuis un quart de siècle, sont devenus quelque chose dans la société, réclament aussi leur place dans l'aristocratie politique ; qu'ils désirent s'assurer à eux et à leurs descendans une existence non seulement libre de toute humiliation, mais environnée d'éclat et d'importance ; qu'il y va du salut de l'Etat de les tranquilliser sur leur avenir en garantissant leurs prétentions au pouvoir et aux honneurs, rien de plus juste, de plus social, de plus légitime. Il n'y a rien de plus conforme au bien de la société que de voir des familles nouvelles venir renforcer et rajeunir l'aristocratie ; ce sont autant de ruisseaux nouveaux qui accroissent le fleuve majestueux de la puissance nationale. Malheur au législateur maladroit qui s'obstineroit à méconnoître ces sources fécondes d'une nouvelle vie politique si nécessaire aux états vieillis !

Mais lorsque, interprètes infidèles ou agitateurs perfides de ces intérêts nouveaux, certains

écrivains viennent nous crier : « Les intérêts nou-
« veaux repoussent le *privilége ;* ils réclament
« l'*égalité absolue ;* ils ne reconnoissent d'autres
« supériorités que celles auxquelles l'industrie
« de tout spéculateur peut arriver, c'est-à-dire la
« *supériorité de l'or ;* ils se regardent comme of-
« fensés, si, dans les institutions à fonder, on
« honore la considération héréditaire ; tout ce
« qui n'est pas livré aux chances d'un caprice
« populaire, ou à un coup de dé de la fortune,
« est à leurs yeux *oligarchique, anti-national,*
« *féodal !* » Nous répondrons à ces docteurs de
l'école révolutionnaire : « Non, les intérêts nou-
« veaux, réels et légitimes ne réclament point
« vos chimères anti-sociales ; vos vaines théories
« ne sont qu'un voile pour des intérêts factieux,
« pour des prétentions anarchiques qu'il ne faut
« ni écouter ni même tolérer. »

« —Fort bien ; mais les *intérêts anciens !* com-
« ment les satisferez-vous autrement que par la
« jouissance exclusive du privilége politique ?
« Jamais ils ne se croiront garantis que par le
« retour aux institutions féodales. » Nous répondrons encore : « Les intérêts anciens, véritables
et justes, vous désavouent pour organes et repoussent vos doctrines exagérées. Les intérêts
anciens ne demandent rien en leur propre nom,
ils ne demandent que ce qui leur doit revenir
dans l'intérêt général de la société, ils savent que

tôt ou tard justice leur sera faite; mais ils savent aussi qu'ils deviendroient factieux, anti-sociaux, si, d'accord avec vous sur un seul point, ils s'opposoient à ce développement naturel de l'aristocratie politique, qui, tout en perpétuant son principe et son ressort, en fait varier la composition. D'ailleurs, ou les hommes de l'ancien régime sont dépourvus de talens, et ceux-là sont sans importance; ou bien ils possèdent des talens, et alors il ne s'agit que de leur ouvrir une carrière; et, lorsque vous aurez rendu aux conseils départementaux, aux autorités communales leur pouvoir légitime, les *seigneurs*, s'il y en a encore, sentiront que la seule aristocratie, aujourd'hui possible, est celle qui se rend utile au peuple, qui protège les intérêts du foible, et qui consacre ses soins au bien-être général. « Régner, c'est servir. »

Y a-t-il d'ailleurs, parmi les hommes de l'ancien régime, personne assez étranger à toute notion politique pour vouloir rétablir purement et simplement la noblesse féodale ? Qui ne sait que l'aristocatie naturelle de la société est beaucoup trop foible en France pour qu'on puisse impunément l'affoiblir encore par des exclusions ? Avons-nous, comme l'Angleterre, quatre cent mille familles à qui une existence indépendante, une éducation vraiment libérale, d'honorables loisirs permettent d'exercer une part du pouvoir national, et de former, d'échelon en échelon, depuis la corporation du bourg le plus obscur jusqu'à la chambre haute, cette puissante aristocratie, boulevard de toutes les libertés angloises? Nous n'avons pas trop de tout ce qu'il y a d'un peu fort dans l'ancienne et la nouvelle France pour reconstruire un ordre social solide et durable, pour créer ce vaste ensemble d'aristocraties nationales, provinciales et communales, sans lequel une nation de trente millions d'individus n'est qu'une masse inorganique, livrée à toutes les chances du despotisme et de l'anarchie.

Que ce grand intérêt national, si urgent, si manifeste, soit apprécié par les hommes marquans de toutes les époques, de tous les régimes; et bientôt, s'unissant contre des systèmes de désorganisation, ils feroient voir à l'Europe la nullité de cette prétendue opposition des intérêts *anciens et nouveaux:*

Mais, dira-t-on, cet ensemble d'aristocraties que vous regardez, avec tous les hommes d'état de l'Europe, comme essentiel à une grande société politique, comme la seule garantie solide contre l'esprit révolutionnaire, ne peut et ne doit, selon la Charte, être fondé sur d'autres principes que celui du cens; votre principe d'honneur héréditaire ne peut se concilier avec la lettre et l'esprit de la Charte.

Avec la lettre? Nulle part la Charte n'a proscrit ce principe. Avec l'esprit? Dans toute monarchie héréditaire, ce principe est l'ame des institutions.

La Charte défend de donner aux nobles des droits politiques. Elle ne défend pas d'attacher un privilége à la propriété, non seulement en raison de son *étendue* ( ce qui est déjà fait par la loi des élections ), mais encore en raison de sa nature et de sa conservation.

Les familles nobles ou bourgeoises, qui conservent leur patrimoine de génération en génération, sont l'aristocratie naturelle de la nation. Agricoles ou industrielles, elles ont véritablement servi la société, tout en s'enrichissant elles-mêmes; c'est dans leur sein qu'existe le véritable esprit public, que se forme la véritable opinion. Ce sont elles que les intérêts locaux touchent de plus près. Elles ont la considération la plus solide, la plus vraie, celle qui est fondée sur le libre attachement des concitoyens. Elles seules ont une véritable indépendance; et l'amour de la vraie liberté règne chez eux sans mélange de passions turbulentes et ambitieuses. Ne seroit-il pas à désirer qu'on accordât aux propriétaires anciennement établis dans un département certaines prérogatives lors de la formation définitive des conseils départementaux; qu'on leur réservât les fonctions de jurés et de maires ; qu'on leur assignât un certain pouvoir pour former des listes de candidature, si cette institution est ajoutée à notre système électoral? L'ancienneté des services publics gratuits est certainement une des sources les plus pures de la noblesse. Il seroit donc juste et sage que la continuation de certaines fonctions provinciales et communales, telles que celles de conseiller de département, etc., pendant un certain nombre de générations, donnât *de droit* la noblesse à la famille. Des titres inférieurs à ceux de la pairie, assurés au mérite modeste des administrateurs gratuits des provinces, seroient pour l'état le moyen le moins coûteux de multiplier cette classe d'hommes d'état.

Quelques fonctions politiques nationales, par exemple celles de député, de juge dans les cours royales, de préfet, etc., etc., continuées pendant la vie d'un homme, devroient immédiatement assurer à ses enfans une prérogative politique.

Pour que tout le monde ait l'accès libre et égal à cette vaste aristocratie, il faut que chaque famille ait la faculté d'introduire dans son sein *le droit de primogéniture* comme en Angleterre. C'est le droit naturel des familles comme des Etats de conserver leurs moyens d'existence, de prévenir leur décadence, de s'assurer un avenir honorable. Ce droit naturel, revendiqué aujourd'hui par toutes les familles respectables, même par le simple cultivateur, se trouve violé par les dispositions du Code civil, qui limitent trop la faculté d'avantager un des enfans, dispositions qui, après avoir produit un bienfait momentané, en divisant quelques masses de propriétés trop grandes, ne peuvent plus produire que la misère et la ruine de toute bonne agriculture par la subdivision à l'infini des domaines déjà trop rétrécis. Les substitutions perpétuelles doivent peut-être rester réservées à la pairie ; mais, si on veut reconstituer une société quelconque, le droit de primogéniture doit absolument être la base du droit commun.

De cette manière, la propriété seroit honorée, le privilége ramené à l'esprit du temps, la noblesse maintenue comme simple idée morale conformément à la Charte, mais à côté d'elle le système représentatif fondé solidement sur une immense aristocratie territoriale accessible à toutes les familles.

Les intérêts particuliers, *anciens et moraux*, seroient conciliés en tout ce qu'ils ont de légitime et de social.

La Charte n'a rien de contraire à ces institutions ; elle n'avoit pas plus besoin d'écrire le principe de l'honneur que celui de la légitimité : l'un et l'autre sont le patrimoine imprescriptible de la nation.

Au moment où nous écrivons, nous avons les

plus fortes raisons pour croire que le gouvernement françois est occupé de réaliser cette réorganisation, la seule possible, la seule légitime.
Nous avons pour garantie de cette assertion le langage des journaux officiels et la liberté entière avec
laquelle, dans une feuille politique censurée (1),
nous avons nous-mêmes pu développer toutes ces
idées. Mais il faut avouer que les événemens d'Espagne et d'Italie, en prêtant au langage des factions une nouvelle audace, une violence tout-
à-fait sans exemple, ont pu faire retarder des
mesures législatives qui, pour être exécutées avec
l'ensemble indispensable, exigent ou une dictature
royale ou un parlement très-sage et très-calme.

Si, comme il faut l'espérer, l'exagération des
idées constitutionnelles venoit à se calmer, la
France, en terminant son organisation sociale,
peut et doit se placer à la tête de toutes les monarchies tempérées du midi de l'Europe, y compris la Suisse et les Pays-Bas. C'est la préémi-
nence naturelle que sa position géographique et
ses immenses moyens, tant moraux que physiques, ne peuvent manquer d'assurer à la France
calme, pacifique, amie de l'ordre, à la France
abjurant l'esprit de conquête et l'esprit de révolution.

Nous avons nommé la *Suisse* et les *Pays-Bas*.

---

(1) Le *Journal des Débats*.

Ces deux états n'ont éprouvé aucun changement, aucune commotion dans le cours de l'année qui vient de s'écouler, mais ils n'ont pas non plus fait aucun progrès dans leur prospérité intérieure et extérieure.

Privée, par les douanes des états voisins, de débouchés pour les produits de ses fabriques, le *Suisse* éprouve toujours les embarras les plus cruels; elle a arraché ses robustes enfans à la vie pastorale, pour les enfermer dans des ateliers. Ils ne peuvent plus retourner à leurs troupeaux; ils ne peuvent plus trouver de l'occupation dans une industrie languissante. Le Rhin est couvert de leurs tristes émigrations; et les seuls républicains qui restoient en Europe, traversent l'Océan atlantique pour devenir indistinctement citoyens des États-Unis, ou sujets du roi du Brésil. Pourquoi les hommes d'état que la Suisse possède encore, n'ont-ils pas pensé à réunir toutes les émigrations suisses (en y joignant même celles de l'Allemagne) vers un seul et même pays, par exemple vers les bords de Columbia, ou vers les belles îles de l'Océanie, afin d'y former une nouvelle Suisse indépendante loin de notre civilisation corrompue et loin de nos grandes monarchies? Les 10 ou 12,000 individus, émigrés de la Suisse depuis cinq ans, auroient suffi pour fonder un état respectable. S'il existe encore des descendans de Tell et d'Erlach, leur cœur appréciera ce vœu.

Les observations que nous avons faites l'année dernière sur l'insuffisance des limites de la confédération suisse, sous le rapport de l'indépendance politique et de la défense militaire, subsistent toujours dans toute leur force. Cet état qui, moyennant quelques foibles agrandissemens, pourroit redevenir un élément important du système de l'équilibre européen, reste toujours trop ouvert à ses puissans voisins. Nous croyons que les cabinets de Turin, de Munich, de Stutgard et de Carlsruhe ont commencé à faire attention à l'intérêt évident qu'ils ont à combiner leur politique entre eux et avec la Suisse. Un mémoire a été présenté à une de ces cours, pour développer l'idée d'une quintuple alliance entre le Piémont, la Suisse, la Bavière, le Wurtemberg et Bade; états qui, pris ensemble, renferment une population de onze millions d'habitans belliqueux, capables de mettre en campagne une armée de 150,000 combattans. Les cinq états que nous venons de nommer présentent la plus imposante masse de puissances secondaires qui se trouve réunie en Europe. Si les deux Hesses et la Saxe, tant royale que ducale, s'y joignent, cette fédération, forte de quatorze millions d'habitans, pourroit mettre de justes bornes à l'ambition de grandes puissances voisines; mais même sous les Hessois, les Saxons et le Piémont, les états de

l'Allemagne méridionale, réunis à la Suisse, offri-
roient un ensemble de forces très-respectable.

Les traités existans, et notamment l'acte de la
fédération germanique, défendent aux états de
l'Allemagne de former publiquement une alliance
avec la Suisse; mais qui pourroit empêcher un
jour cette agrégation naturelle de se former, en
dépit des traités mal combinés et plus mal exé-
cutés? Nous reviendrons sur ce sujet en parlant
de l'Allemagne.

Cette idée est considérée de très-mauvais œil
par les grandes puissances; elles ne parlent que
de la *neutralité* de la Suisse, garantie par l'*Europe*
entière; c'est très-beau, mais c'est un peu vague.
Ce qui est plus positif, c'est la protection que
doivent aux cantons les puissances qui en tirent
des troupes mercenaires; mais ce débris de la vieille
politique menace ruine.

Les *capitulations militaires* entre la France et la
Suisse continuent à être vivement attaquées dans
nos chambres par le parti qui prétend au titre
exclusif de constitutionnel. Les régimens suisses
au service d'Espagne sont réduits à rien, et les
cortès ont décidé leur suppression. Les cours italiennes n'ont pas renouvelé leurs capitulations.
La Hollande a eu à se plaindre d'un régiment
suisse. Dans l'intérieur même de la Suisse, le service mercenaire dans l'étranger ne séduit que peu

de monde. Cette anomalie d'une république qui loue des soldats va donc disparoître dans le cours des événemens très-prochains.

En revanche, la Suisse cherche à se former une armée nationale respectable; elle tient sur pied une force nominale de 32,900 hommes, et les lois féodales en ordonnent le doublement en cas de danger. L'école militaire, établie à Thoun, doit fournir à cette armée des officiers habiles.

La douceur des gouvernemens aristocratiques de Berne, de Zurich, de Bâle et de Lucerne n'empêche pas qu'il n'y ait dans ces cantons quelques partisans de la démocratie absolue; mais c'est surtout à Lausanne, Araco, Genève que règne l'attachement aux théories de l'égalité et de la souveraineté populaire. C'est parmi les démocrates que se cachent à présent les partisans de la ci-devant *république helvétique* et les ci-devant buonapartistes. Si quelque chose pouvoit exposer la Suisse à tomber sous le joug d'un souverain, ce seroient les imprudences de ce parti démocratique moderne, philosophique et révolutionnaire, qui n'a aucun rapport avec les antiques et simples communes de Schuytz, d'Uri, d'Unterwald; communes où l'on sait très-bien, par l'instinct du bon sens, que la participation au pouvoir politique n'appartient de droit qu'à ceux à qui les lois fondamentales la donnent, et que ce privilége n'est pas plus que toute autre propriété le bien commun de ceux qui n'en ont pas hérité. L'esprit aristocratique de Berne et de Zurich offre à la liberté des Suisses en général un de ses boulevards les plus solides. On nous assure que, depuis l'agrandissement du territoire de Genève, le sentiment de la nécessité de quelques prérogatives pour la ville, et la répugnance à admettre les catholiques à une égalité absolue, a fait prendre aux politiques génevois l'esprit d'une aristocratie raisonnable.

Les *Pays - Bas*, quoique tranquilles sous un gouvernement équitable, ont continué à offrir des preuves journalières de la vérité des observations que nous avons présentées dans notre tableau précédent sur l'absurdité d'une réunion intime et absolue entre la Belgique et la Hollande. Nous avons insisté sur l'opposition de l'intérêt commercial des Hollandois avec l'intérêt agricole des Belges, sur l'impossibilité d'avoir une assemblée délibérante unique dans un pays où il existe quatre ou cinq idiomes dont aucun ne peut être aboli (1), enfin sur le peu de compatibilité d'une dynastie protestante avec une majorité de sujets catholiques. Nous avons indiqué un remède; nous n'avons rien à y ajouter. Le but du congrès de Vienne, de placer aux portes de la

______

(1) Le *hollandois* est parlé par deux millions; le *françois* par un; le *wallon* ou françois gaulois pur un million et demi, et le *flamand* par six à sept cent mille.

France une puissance secondaire susceptible d'une résistance quelconque contre l'ambition d'un nouveau Louis XIV, est tout-à-fait manqué.

Ce royaume nouveau n'a pas même un nom, adopté en commun par les habitans ; car ceux qui le nomment les Pays-Bas et ceux qui l'appellent le *Neerland*, se traitent réciproquement d'étrangers et d'ennemis.

Une simple discussion législative a fait éclater aux yeux des observateurs attentifs ce schisme moral et politique de la Hollande et de la Belgique, ou, comme on dit ministériellement, des *provinces septentrionales* et des *provinces méridionales.* Un jurisconsulte savant, M. Kemper, avoit été chargé par le gouvernement de rédiger un nouveau code civil ; il y a mis bien du savoir, de la prudence et du talent ; ses définitions générales préalables étoient d'une justesse et d'une précision admirables, quoique peut-être trop minutieuses ; elles étoient en partie tirées de Domat, de Pothier. On pouvoit les modifier, les repousser même comme inutiles ; mais tout a été décidé par un motif que l'esprit de parti pouvoit seul dicter. « Le code civil *françois* est ce qu'on a vu »de plus parfait en législation. Comment un »*Hollandois, un Neerlandois* a-t-il pu le réformer? »Qu'il retourne dans ses marais ! Ce n'est pas »aux *Neerlandois* à donner des lois à un peuple »hautement civilisé, à un peuple qui a participé

» aux immortels lumières de la révolution fr
» çoise ! » Telles sont les déclamations par l
quelles on repousse la révision d'un code que p
sonne n'admire en France, pas même les li
raux les plus ignorans, d'un code particuliè
ment contraire aux intérêts d'un pays agric
comme la Belgique. Mais il faut soutenir la
volution françoise et proclamer la haine con
les Hollandois ; voilà tout le système du *p
françois* à Bruxelles.

Comme cette discussion continue encore
continuera long-temps, il faut voir si, lors de
présentation des articles positifs, le bon sens
Belges ne prévaudra pas sur l'esprit de parti.

On a vu, dans les discussions des états-gé
raux des Pays - Bas , combien une circonstan
puérile en elle-même, peut donner d'audace
esprits essentiellement faux et légers qui adopt
aveuglément les systèmes de la révolution f
çoise. Parler et écrire le françois avec correctio
avec élégance, est assurément un mérite ess
tiel dans un *François* ; mais, dans tout au
Européen, c'est un avantage étranger aux gran
qualités de l'homme public, du savant, et mé
du littérateur. M. Pitt et M. Fox, avec leur acc
anglois, étoient certainement des hommes d'é
fort supérieurs à tel prince russe qui encha
les dames parisiennes par son ton et son langa
les poèmes de Byron, de Gœthe, d'Alfiéri, s

vivront assurément aux vers françois de Frédéric II et du prince de Ligne. Eh bien! le parti de l'opposition à Bruxelles est d'avis que, lorsqu'on ne parle pas le françois avec toute la pureté brabançonne, on n'est pas digne de donner des lois aux Belges. Des hommes d'état hollandois ont eu la foiblesse de vouloir s'exprimer dans une langue qui leur est étrangère. Chaque faute de grammaire qui leur est échappée a été considérée comme une preuve du peu de capacité de ces pauvres *Neerlandois*. Nous qui lisons avec la même impartialité les discours dans l'une et l'autre langue, nous ne pouvons nous empêcher de reconnoître dans les Hollandois plus de vues politiques et plus de connoissances administratives que dans leurs concitoyens méridionaux.

Nous parlerons, dans un autre endroit, des relations coloniales de ce royaume.

Nous passerons rapidement sur les états du nord et de l'est de l'Europe, puisqu'ils n'ont éprouvé aucun changement notable.

Le *Danemark* n'a été nommé dans les fastes de cette année 1820 qu'à l'occasion d'un docteur en théologie, devenu fou, et qui avoit communiqué à un forgeron des plans de révolte. La *Suède* et la *Norvège* n'ont pas même offert une semblable aventure; mais il est à remarquer qu'un refroidissement sensible entre les cabinets de Stockholm et de Pétersbourg a produit un rapprochement entre la Suède et l'Angleterre; c'est la politique juste et naturelle de ce pays. La diète norvégienne fournira peut-être un article intéressant à notre tableau prochain; nous reviendrons alors sur toute la Scandinavie.

Le vaste empire de *Russie* a vu s'achever l'affranchissement des paysans de Livonie, les jésuites par leur prosélytisme s'attirer un bannissement général, et, en revanche, la communion religieuse des protestans recevoir de la main protectrice de l'empereur une organisation hiérarchique. L'église grecque de Russie est tolérante envers ceux qui n'aspirent pas à dominer. L'empereur de même aime la liberté modeste et calme; il maintient au grand-duché de Finlande ses états-généraux formés sur le pied suédois, ce qui est assurément le meilleur moyen de s'attacher cette possession importante; il maintient aussi au royaume de Pologne sa constitution nationale; mais le poids de l'entretien d'une armée considérable, le chagrin de ne pas voir réunies à cette Pologne renaissante toutes ses anciennes provinces; enfin, la vivacité extrême des orateurs polonois dans la discussion d'un projet de code, ont fait naître des scènes désagréables dans la dernière diète. Alexandre, le législateur, doit pourtant sentir que le gouvernement représentatif ne peut subsister qu'avec ses inconvéniens inséparables parmi lesquels les abus de la tribune et de la presse sont ceux auxquels il faut surtout savoir se soumettre avec grâce.

Si la Pologne a besoin d'une éducation politique avant de pouvoir jouir de la plénitude de sa liberté constitutionnelle, que son régénérateur prenne franchement la *dictature* ; c'est souvent une institution nécessaire pour créer de nouveau une société tombée en dissolution. Mais les efforts de cette politique mitoyenne qui voudroit réconcilier le pouvoir absolu avec les institutions de la liberté, ne produisent jamais qu'une réunion des inconvéniens de l'une et de l'autre de ces deux situations incompatibles.

La grande affaire de l'intérieur de la Russie, c'est l'affranchissement des paysans. Cette révolution pacifique, accomplie, depuis une année, dans la Livonie, l'Esthonie et la Courlande, rencontre des obstacles de plus d'un genre dans les provinces russes proprement dites. Beaucoup de paysans ne trouvent aucun avantage à échanger leurs corvées contre des redevances en argent, et bornent tous leurs vœux à un bon code rural, bien exécuté ; mais l'exécution des lois, dans les provinces, et envers la caste dominante, est encore, d'après les rapports des voyageurs, loin de répondre aux intentions du gouvernement.

Le règne d'Alexandre est le premier en Russie qui n'offre ni changemens continuels dans le ministère, ni exil de favoris, ni rebellion sanglante, ni supplices cruels, enfin qui présente un caractère européen, quoiqu'ayant commencé par une révolution asiatique. Ce règne compte déjà vingt ans. La Russie a donc son Titus, son Marc-Aurèle ; mais Rome en eut aussi : et que resta-t-il de leur règne ? un glorieux et stérile souvenir. Ils n'avoient pu reconstituer l'état par des lois fondamentales. Alexandre, dit-on, a médité une constitution pour son vaste empire; mais il ne pourra la mettre en activité avec espoir de succès avant qu'il n'existe une bourgeoisie plus forte, plus puissante, et une nombreuse classe de paysans libres et éclairés. Cette époque est éloignée ; espérons qu'elle pourra encore arriver avant le terme naturel de ce règne heureux. S'il en étoit autrement, la Russie pourroit un jour éprouver de violentes secousses et des guerres intérieures. L'émeute purement militaire d'un régiment de la garde vient de manifester cet esprit d'une fraternité orgueilleuse qui anime toute l'armée russe, et qui, entre les mains de chefs ambitieux et habiles, peut amener des luttes auxquelles la politique de beaucoup de grands cabinets applaudiroit.

L'avenir de l'Europe dépend, plus qu'on ne le pense communément, de cette question : *La Russie peut-elle devenir une monarchie constitutionnelle ?*

Si la Russie étoit susceptible d'une organisation, je ne dis pas rapprochée de celle des états occidentaux, mais semblable à celle de la Hongrie, mais fixe, légale, indépendante du caprice d'un souverain, on verroit la politique du cabinet russe prendre une marche uniforme, calculée pour des siècles et à laquelle rien ne pourroit résister. Elle chercheroit d'abord à dissoudre la Turquie et la Prusse, en même temps qu'elle protégeroit et caresseroit les états secondaires du Nord, de l'Allemagne et de l'Italie ; elle saisiroit les momens favorables pour s'incorporer la Scandinavie, la Prusse, la Gallicie, l'ancienne Dace ; mais, sage et tolérante, elle respecteroit partout les lois, les mœurs et les religions ; habile autant qu'ambitieuse, elle arrêteroit l'essor de ses aigles sur les rives du Sund et du Bosphore, le long des bords de l'Elbe, des monts Carpathiens, ou du cours du Danube. Maîtresse de ce monde séparé, commandant à 80 millions d'hommes belliqueux et intelligens, la Russie verroit à ses pieds toute l'Europe civilisée d'un côté, et, de l'autre, toutes les nations semi-civilisées de l'Asie; sans posséder l'univers, elle le domineroit.

Voici jusqu'où une aristocratie bien constituée, unie et habile, peut élever l'empire russe dans moins d'un demi-siècle.

La prépondérance actuelle de la Russie n'a rien de nécessaire, de stable. Alexandre, se plaçant à la tête des idées vraiment libérales, comprime personnellement les deux mauvais génies qui, selon l'heureuse observation du lord Liverpool, menacent l'Europe, le génie de la révolution françoise et celui du despotisme; mais le caractère d'un homme n'est pas un système politique.

Un phénomène remarquable, c'est l'activité avec laquelle les Russes étendent leurs relations commerciales en Tartarie, vers les sources de l'Oxus et de l'Indus, dans le centre de la vieille Asie et le long de ces côtes américaines si récemment découvertes, qui s'étendent depuis les confins du Kamtchatka jusques à ceux du Mexique. Nous avons donné quelques nouvelles sur l'expédition de Bucharie; elle n'inquiète pas directement les intérêts de la compagnie angloise des Indes, mais elle a dû éveiller son attention. Si les peuples de l'Afghanistan, du Cachemire, du Petit-Tibet, entroient dans un commerce régulier avec une nation européenne, ils pourroient en recevoir des armes qui rendroient possibles, sinon la conquête des Indes orientales, du moins des incursions dévastatrices et propres à reculer le grand œuvre de l'organisation civile de ces riches contrées, aujourd'hui si vivement poursuivi par l'administration britannique. Les progrès de la compagnie russe d'Amérique vont amener des conflits immédiats entre la Russie, l'Angleterre, l'Espagne et les États-Unis. Dans un espace plus vaste que l'Europe entière, et comprenant des contrées très-riches en pelleteries, garnies de beaux sapins et susceptibles de la culture des céréales, les droits respectifs de ces quatre puissances ne sont pas du tout fixés : leurs prétentions sont sans bornes. L'Espagne, qui a les droits les mieux fondés, puisqu'elle a tout découvert (au moins jusqu'à 55 degrés de latitude), est celle qui insiste le moins sur ses droits ; les Etats-Unis!, au contraire, qui au fond n'ont que de foibles prétextes, mettent autant d'activité à s'établir dans l'intérieur du *district de Colombia*, que les Russes à s'étendre sur la côte.

La *fédération germanique*, si elle existoit, si elle pouvoit exister comme puissance bien unie, bien organisée, feroit plus que balancer l'influence du colosse russe sur l'Europe occidentale, elle l'en excluroit tout-à-fait ; mais nous avons indiqué dans notre tableau précédent les causes politiques et naturelles qui rendent impossible une sincère et solide union entre les états d'Allemagne. La disproportion qui existe entre l'Autriche et la Prusse d'un côté, et les états secondaires de l'autre, est une source intarissable d'humiliations et de jalousies ; la disproportion qui existe encore entre l'Autriche et la Prusse rend même une parfaite intelligence entre ces deux têtes de la fédération contraire aux règles ordinaires de la politique. On a vu la diète, après une délibération de deux ou trois ans, décréter enfin *l'organisation*

*militaire de la fédération;* les principes de l'égalité y sont mis en application, et il est permis à
la fédération de choisir un généralissime bavarois
ou hessois pour exécuter les projets politiques
de la Prusse ou de l'Autriche; car ces deux puissances, pouvant seules, à raison de leurs possessions *extra-fédérales,* conclure des alliances offen-
sives et défensives indépendantes de la fédération,
sont évidemment maîtresses d'amener des circonstances qui peuvent forcer le reste de la fédération à des guerres ou à des conventions contraires à ses intérêts. Nous ne méconnoissons pas
que le grand nombre de voix, assigné aux états secondaires, ne soit un frein opposé à des plans ambitieux de la part de l'Autriche et de la Prusse ;
cette mesure indique, de la part des cabinets, la
meilleure volonté de garantir à l'Allemagne autant que possible les bienfaits d'une neutralité imposante; peut-être même cette neutralité est-elle
assurée pour un ou deux *decennia.* Mais la volonté
la plus pure ne peut changer la nature intime des
choses, et à la longue la fédération germanique se
ressentira des vices fondamentaux de son institution; ou les états de Bavière, de Hesse, de Wurtemberg, etc. etc., s'en détacheront pour former une
véritable fédération (ce qui flatteroit les intérêts
de la France, de l'Angleterre et des Pays-Bas),
ou bien ces états, cessant tout-à-fait d'avoir une
existence européenne, deviendront une espèce de

grandes vice-royautés, décorées de quelques priviléges constitutionnels pour conserver une apparence de souveraineté.

Ces deux tendances entre lesquelles flotte la fédération germanique ont été clairement indiquées et habilement discutées par des écrivains politiques allemands; circonstance qui déjà les rend moins dangereuses, car une révolution prévue est une révolution adoucie et tempérée. Le baron de Stein, M. Justus Grüner et M. Gœrres, conseilloient d'organiser sur-le-champ cette *unité impériale* vers laquelle tend, selon eux, la nation germanique; c'étoit incontestablement le point de vue le plus politique, le plus élevé, le plus généreux; mais il étoit impossible d'y atteindre, à travers tant d'intérets et tant de prétentions des cours allemandes, et notamment sans faire descendre la Prusse sous le niveau commun. M. Lindner (auteur du *manuscrit venu de l'Allemagne méridionale*) et quelques autres écrivains, sous les auspices de M. de Montgelas, ont appuyé l'idée d'une fédération indépendante dans le Midi, système dont la réalisation dépend de causes étrangères à la volonté des peuples et des princes allemands.

Deux moyens peuvent retarder ces catastrophes : l'une, c'est le maintien ferme de l'autorité suprême judiciaire ou plutôt arbitrale de la fédération sur ses membres ; l'autre, le développément prompt et complet des institutions constitutionnelles dont jouit maintenant tout le midi de l'Allemagne.

La décision de la diète entre Oldenbourg et Brême, celle que les tribunaux de Bavière doivent prononcer dans une autre affaire contentieuse, fournissent des exemples de soumission à cette justice suprême, mais seulement de la part des petits états. Pour que l'Allemagne et l'Europe y croient, il faut que les grandes puissances même viennent reconnoître un tribunal fédéral suprême. L'occasion se présente ; le *duché d'Anhalt*, enclavé dans le territoire prussien, ne peut y faire entrer les marchandises dont il a besoin, ni exporter ses productions sans passer par la ligne des douanes prussiennes. Ces douanes arrêtent au passage les voitures et les bateaux d'Anhalt pour lever sur eux les droits fixés par les tarifs prussiens, gêne qui équivaut à une soumission absolue du pays d'Anhalt à la législation de la Prusse. Les principes de l'équité naturelle et ceux de la bienveillance mutuelle entre des confédérés, semblent ne laisser aucun doute sur la décision que devoit prendre une autorité équitable et indépendante.

Mais la diète n'est pas un tribunal véritable ; elle choisit seulement des *juges austrégaux* ou arbitres. Cette méthode de procéder réunit la lentour à l'incertitude; où en trouver une meilleure? étoit-il donc impossible de rétablir l'ancien tribunal de l'empire?

Le nombre des constitutions s'est accru depuis que le grand-duc de *Hesse-Darmstadt* a donné à ses sujets un pacte fondamental, calqué en grande partie sur ceux de Bavière et de Wurtemberg; pacte approuvé par l'empereur de Russie, mais qui, à Vienne et à Berlin, a été jugé trop populaire. Déjà une session de la diète de Darmstadt, par des discussions sages et utiles, a donné un démenti aux inquiétudes que l'on avoit cherché à exciter au sujet de cette innovation. On s'attend encore à deux nouvelles accessions au système constitutionnel. Le grand-duc d'Oldembourg a fini de rédiger la constitution qu'il veut accorder à ses sujets. La mort a enlevé le plus grand ennemi des innovations politiques, feu l'électeur de Hesse-Cassel. Il a laissé un trésor de 90 à 100 millions de francs, fruit des subsides, c'est-à-dire de la location de troupes et des sommes placées à intérêt dans les grands emprunts faits par d'autres états. Son successeur, quoique obligé de prendre le titre suranné et insignifiant d'*électeur*, paroît suivre des maximes plus paternelles; il modifiera probablement la constitution des anciens états-généraux de Hesse. La diète de Wurtemberg a continué à offrir le spectacle le plus touchant d'une entière union entre le gouvernement et le peuple. Cette classe d'hommes de loi-administrateurs, connue sous le nom de *schreiber*, espèce de mandarinat et de puissance oligarchique inconstitutionnelle, vient d'être entièrement paralysée par des lois qui séparent rigoureusement le pouvoir administratif, les fonctions judiciaires et celles du notariat. A Weymar, le grand-duc a proposé aux états-généraux de rendre leurs séances publiques ; l'assemblée elle-même a renoncé, pour le moment, à ce grand moyen de pouvoir, afin de ne pas s'attirer les importunes censures des partisans du despotisme. Reconnoissons que les Allemands possèdent ce bon sens, cette habitude de penser et d'écouter, cette pénétration calme, cet amour de l'équité et de la justice sans lesquels le système représentatif paroît un présent très-dangereux à faire à un peuple.

Pendant que les petits états d'Allemagne se fortifient ainsi par des institutions qui unissent les rois à leurs peuples, que fait la grande monarchie du nord de l'Allemagne ? Habile ministre, le prince de Hardenberg a profité des circonstances même les plus malheureuses pour mettre toutes les relations civiles des Prussiens sur un pied conforme à l'état général de la société ; les droits féodaux ont été rendus rachetables, à des conditions très-faciles ; l'égalité des impôts, celle des devoirs militaires ont été établies ; on a encouragé la création des petites propriétés ; l'admissibilité des bourgeois à toutes les places est devenue une maxime de tous les jours. Tout abus d'autorité de la part des seigneurs étoit déjà sévèrement réprimé par les codes, toute vexation de la part des administrations a été rendue difficile par la surveillance méthodique des ministères ; enfin les communes et les provinces ont été investies du droit de régir leurs biens, de veiller à leurs intérêts. Mais la *constitution générale*, si solennellement promise, n'est pas donnée. Les amis du despotisme militaire disent, en triomphant, « que le roi, éclairé sur les dangers des systèmes libéraux, veut éluder sa parole donnée. » Malheureux qui, en adorant la royauté, ne savent que l'outrager, par leur vil encens! Non, le généreux descendant de tant de héros et de chevaliers ne faussera pas sa parole. Mais ayant déjà sanctionné par tant de lois les bases d'un nouvel ordre politique et réalisé tous les bienfaits civils que cet ordre doit garantir, ne peut-il pas avoir raison de s'arrêter un moment pour contempler ce vaste édifice avant d'en couronner le faîte? N'est-il pas prudent d'en examiner en détail toutes les parties pour savoir si elles répondent à l'intention de l'architecte, ou si elles ont besoin d'être corrigées? Les institutions d'un peuple ne reçoivent leur véritable vie que de ses mœurs, et celles-ci ne se reforment pas en peu d'années; si les institutions nouvelles de la

Prusse ont encore besoin de se développer, un
trop grand empressement à poser sur cette base
encore mal affermie tout le poids d'une constitution pourroit les faire crouler ensemble. Telles
paroissent être les paternelles inquietudes du monarque prussien, prince d'ailleurs naturellement
consciencieux, craignant de mal faire, peu con-
fiant dans la fortune et dans lui-même. Son peuple
en masse est loin de méconnoître ses intentions ;
toutes les grandes classes de la nation vivent tranquilles ; l'agitation des factions est violente à
Berlin ; elle peut même effrayer un observateur
passager, mais elle ne s'étend ni à une grande
distance ni à une grande profondeur, surtout depuis qu'on ne recherche plus ces prétendues con-
jurations de professeurs et d'écoliers. Nous n
voyons qu'un argument très-pressant pour l'in
troduction d'une loi fondamentale ; c'est l'urgenc
de gagner l'entière confiance des états secondair
d'Allemagne, afin d'être plus forts envers ce colossa
empire de Russie qui pèse spécialement sur l
Prusse. Il est aussi reconnu, même dans les acte
du gouvernement, qu'une représentation nati
nale est la condition essentielle pour un crédi
public durable. Or, ce qu'il y a en Prusse d
plus artificiel, par conséquent de plus fragile
c'est la prospérité financière d'un pays médiocre
ment fertile, n'ayant qu'une industrie peu lucra

tive et un commerce gêné par des obstacles physiques (1). Pour une monarchie de onze millions
d'habitans, il seroit même, avec de plus grandes
ressources, difficile à soutenir le rôle coûteux d'une
grande puissance militaire.

Tandis qu'une politique foible ou fausse pro-
longe les agitations de l'Europe, la nature l'a, généralement parlant, comblée de ces dons pendant
l'année qui vient de s'écouler; mais la récolte abondante des céréales, en produisant le bas prix, a,
dans beaucoup de pays, réduit le cultivateur à de
grands embarras. On parle de la bizarre générosité d'un grand propriétaire de l'Ukraine qui a fait

(1) La Prusse envoie ses draps à travers la Russie jusqu'en Chine, et les ouvrages en fer du duché de Berg pénètrent jusque dans l'Égypte et la Nubie; mais ces longs
transports prouvent précisément l'absence d'un débouché
rapproché et lucratif. Pourquoi les états voisins de la
Prusse consomment-ils si peu? Parce qu'ils sont pauvres
comme elle. Pourquoi sont-ils pauvres? Parce qu'ils en-
tretiennent trop de soldats. Pourquoi entretiennent-ils
tant de soldats? Parce que la Prusse est obligée d'être une
puissance militaire. Le système des douanes, destiné à soutenir ses fabriques, la met dans une position hostile entre
l'Angleterre, le Hanovre, la Saxe et l'Allemagne méridionale. Quant à la navigation, que sont tous ces ports
prussiens situés sur une mer intérieure long-temps glacée
et d'une sortie difficile? C'est Hambourg (vassale de l'Angleterre) qui est le débouché naturel de la Prusse. Quelle
position compliquée et gênée !

brûler ses propres moissons, afin de laisser à ses paysans quelque espoir de vendre les leurs. Un phénomène unique, réservé à cette année, a été de voir la Suède exporter du seigle et même du froment pour des régions méridionales. L'industrie a produit un autre genre d'abondance; les produits des manufactures, accrus bien au-delà des besoins réels, ont inutilement encombré la plupart des marchés. Voici un exemple des relations singulières qui existent entre les besoins des peuples : Les Américains du Nord, n'ayant pu vendre leurs farines, ont diminué leurs demandes de *boucles* à Birmingham, et cette diminution est une des calamités dont cette grande ville de manufactures se plaint le plus. Les lamentations des fabricans ont partout remis en crédit le système prohibitif, si contraire aux idées libérales. En Allemagne, en France, en Belgique, en Espagne, en Portugal, les plus ardens amis de la liberté crient contre la libre introduction des marchandises manufacturées dans l'étranger, même les plus agréables et les plus utiles au consommateur. Cet esprit d'hostilité mercantile, a dit un membre du ministère anglois ( M. Robinson ), domine tellement l'opinion publique en France et en Angleterre, que les deux gouvernemens n'ont pas osé conclure un traité de commerce qu'ils désiroient tous les deux et qui eût permis l'échange des vins françois contre des cotonnades angloises. Tandis que les moyens d'occupation ont diminué, la population de l'Europe s'est accrue sur tous les points, d'où il est parvenu des listes de naissances et de mortalités. Le saine politique ordonne de disperser cette population superflue; mais l'Angleterre seule a eu les moyens d'en tirer un grand parti, en fournissant à plus de cinq mille individus les moyens de se transplanter dans le fertile district, nommé *Albany*, dans l'est de la colonie du Cap où déjà ils ont fondé des fermes florissantes. Les gouvernemens allemands laissent le torrent de l'émigration descendre à Hambourg et à Amsterdam pour se disperser ensuite au hasard ; ils devroient le diriger vers une seule et même contrée qui, devenue une nouvelle Germanie, auroit servi d'écoulement aux draps de la Saxe, aux couteaux de Solingen, et, avec le temps, aux systèmes de philosophie, et enfin à tout ce que l'Allemagne a de trop. En Hollande, le *village colonial* de Frédéricsoord, fondé sous les auspices d'un prince philantrope, vient d'offrir un modèle d'un établissement de refuge pour les indigens.

En parcourant les listes de naissances de l'année qui vient de s'écouler, on observe avec douleur le constant accroissement du nombre des enfans nés hors du mariage. A Paris, à Stockholm et dans quelques autres grandes villes, la proportion se maintient à peu près comme elle étoit en 1819, c'est-à-dire qu'un tiers des enfans est illégitime;

mais , à Lyon, elle s'est élevée jusqu'à deux cin-
quièmes, d'après les listes publiées dans les journaux de cette ville.

Les relations politiques et commerciales de
l'Europe avec les autres parties du monde ont
éprouvé peu de changemens. La grande république des *Etats-Unis*, aujourd'hui peuplée de
plus de dix millions d'habitans d'après le recen-
sement de cette année même, est animée d'un
esprit commercial insatiable, accompagné d'un
égoïsme extrême des individus et d'une disette
d'hommes d'état instruits. Elle se heurte donc
souvent avec les peuples commerçans et navigateurs de l'Europe ; mais, comme elle ne veut pas
faire la dépense d'une grande marine, elle les
embarrasse sans leur en imposer. D'ailleurs, plusieurs causes concourent à corrompre les institutions politiques déjà si foibles de cette république ; telles sont la dissémination de la population vers l'ouest, l'opposition croissante entre
les états , l'affoiblissement du principe religieux
et moral , la funeste continuation de l'esclavage
et la formation d'une classe de familles riches ,
sans l'éducation libérale et sans les lumières politiques de la *gentry* angloise. C'est une société de
fermiers, de colons, d'esclaves, d'armateurs et
de matelots ; société immense, heureuse par sa
position , mais ce n'est que dans un sens impar-
fait une nation. Les *Etats-Unis* ont essayé de

former un établissement dans la Méditerranée ; ils ont, dit-on, demandé à acheter Syracuse avec son excellent port ; il est plus certain qu'ils ont élevé et abandonné des fortifications dans le golfe de Bonba, en Cyrénaïque ; mais ce sont des idées isolées de quelques hommes d'état que le congrès ne contient pas. L'acquisition des Florides, en arrondissant leurs frontières, leur a ôté tout sujet immédiat de contestation avec l'Espagne ; mais leurs limites du nord et du nord-ouest peuvent amener une vive querelle avec l'Angleterre.

L'immense *Amérique espagnole* compte encore moins dans le jeu du monde politique ; après dix ans de guerre civile, entretenue surtout par des intrigans étrangers, des recruteurs étrangers, des pirates étrangers, il n'existe encore aucun gouvernement indépendant tant soit peu consolidé et puissant. Buenos-Ayres, cette *ville glorieuse*, cette « Rome nouvelle », est la proie infortunée de vingt chefs militaires qui s'en arrachent tour à tour la domination éphémère ; le parti le plus sage donne des regrets inutiles au gouvernement modéré de Puyrredon, républicain de l'école de Washington, et qui, s'étant convaincu de l'impossibilité de consolider cette forme de gouvernement, appeloit de ses vœux et de ses efforts une monarchie constitutionnelle sous le jeune et vertueux prince de Lucques (ancien roi d'Etrurie), projet qui, découvert et dénoncé, a valu à son auteur un honorable exil, mais qui méritoit à beaucoup d'égards l'appui des puissances européennes, et notamment celui de l'Espagne et de la France. Le Chili n'obéit que par force à un général, San Martin, qui ne sait pas les élémens de la tactique, et au pirate Cochrane dont les grands talens et le courage indompté sont dignes d'une meilleure cause. Les *gauchos* d'Artigas sont toujours une véritable horde de cosaques américains. Las d'errer d'une conquête éphémère à une autre, sans pouvoir fixer sa destinée, Bolivar vient de donner la main à Morillo. Enfin, la grande masse principale, le Mexique et le Pérou avec la Havane reconnoissent paisiblement la constitution des cortès, et font partie intégrante de la monarchie. Si les cortès ménagent les intérêts commerciaux de ces immenses provinces, leur fidélité ne sera pas ébranlée par des officiers affamés. ou d'avides contrebandiers qui viennent piller quelques points des côtes sous prétexte de les délivrer. Personne ne montera de sitôt sur le trône de Montezuma, ni sur le siége pontifical des Incas ; le curé Hidalgo, en 1811, et Tupac - Amara, en 1781, hommes à vues hardies, en avoient pris le seul bon chemin ; ils avoient armé les Indiens, mais ils n'ont pas eu des successeurs ; probablement les cortès aviseront à des moyens pour adoucir le joug du vasselage que le grand Fernando Cortès imposa aux Mexicains, et qui, en effet, étoit un bienfait comparé à l'état d'esclavage absolu où Montezuma les avoit plongés, mais dont les abus provoquèrent bientôt les plaintes infructueuses du généreux conquérant du Mexique.

Toutefois, après avoir d'abord servi de point d'union entre la métropole et les colonies, la constitution des cortès doit produire dans celles-ci les effets qui résulteront nécessairement de ses vices, de ses principes contradictoires. Les juntes provinciale et les corps municipaux, investis par la constitution de tant de droits importans, trouveront, dans ces pays éloignés, mille prétextes pour étendre paisiblement leur pouvoir, pour le consolider même avec l'appui de la métropole. Dans l'espace d'une génération, ces corporations aristocratiques ou oligarchiques régneront de fait sur l'Amérique, et pourront, dès que leur intérêt ou leur orgueil l'exige, briser le nœud apparent entre l'Espagne ancienne et la nouvelle.

Nous avons parlé de la nouvelle colonie angloise au Cap ; elle peut ouvrir des communications importantes avec l'intérieur méridional, surtout depuis que des missionnaires ont découvert, au-delà de *Litakou*, des peuplades policées et industrieuses, qui paroissent désirer des liaisons avec les Européens (1). Les autres puissances européennes ne semblent avoir aucune vue sérieuse sur

_______________

(1) *Voyez* ci-après le *Bulletin*, article *Nouvelles.*

l'Afrique méridionale. Les voyageurs françois, qui devoient explorer la grande île de Madagascar, ont été enlevés par une mort prématurée. Les relations commerciales entre l'île de Bourbon et Madagascar vont probablement diminuer à la suite des difficultés que les croiseurs anglois opposent à la traite des nègres. Les Anglois viennnent même de conclure avec un prince *Radama*, qu'ils qualifient de *roi de Madagascar*, une convention par laquelle ce *roi* s'oblige à faire fusiller tout individu exerçant le commerce d'esclaves. Comme l'île de Madagascar est divisée en beaucoup de principautés, les ordres du *roi Radama* n'obtiendront pas partout force de loi ; mais ne pourront-ils pas être injustement appliqués à des habitans de l'île de Bourbon, voyageant pour acheter des bestiaux ou pour disposer des marchandises françoises ?.... Le projet de former un établissement anglois au Port-Louquez (1), dont l'administration angloise de l'Ile-de-France (ou de *Mauritius*) paroît occupée, menace, s'il est exécuté, d'enlever aux François la meilleure chance de succès pour la consolidation de leur influence parmi les peuples madecasses. Je ne parle pas des Portugais ; ils possèdent toujours Mozambique, Sena, Angola, Benguéla ; mais leur foible pouvoir ne ré-

_________

(1) *Voyez* ci-après l'analyse de la *Carte de Madagascar*, dans *le Bulletin*.

sisteroit pas à deux frégates angloises, et l'extravagante politique des révolutionnaires de Lisbonne
ne tend pas à reculer l'époque de la dissolution
de cette monarchie. Mozambique sera bientôt une
dépendance du Cap.

Dans la partie septentrionale de l'Afrique, les
progrès des Anglois sont bien moins décisifs.
Nous avons, dans un volume précédent, publié
quelques détails sur les désastres qui ont fait
échouer leurs dernières expéditions vers les régions du Niger. Il seroit encore possible qu'une
autre nation les prévînt, soit en ouvrant par Por-
tendic ou le Cap-Blanc une communication directe avec Tombouctou (1), soit en se mettant
en possession du Bénin et d'Ouari, où paroissent
exister les embouchures d'un grand fleuve quelconque de l'intérieur. On attend encore, et en
vain, des nouvelles certaines de la dernière léga-
tion angloise à Aschantie; si elle a réussi à conclure un traité solide, cet empire tyrannique,
recevant des armes par les factoreries angloises,
deviendra redoutable à toutes les petites nations
de la côte de Guinée, et finira par refuser à l'Angleterre elle-même cette libre communication
qu'elle espéroit se frayer vers l'intérieur.

Les Etats-Unis n'ont pas réussi à fonder un

_______________

(1) *Voyez* la *Carte* jointe à ce cahier, et la *Relation
d'Alexandre Scott.*

établissement sur les côtes africaines de Sherbro, établissement qu'on disoit calqué sur celui des Anglois à Sierra-Léona. Les François, les Hollandois et les Danois conservent les leurs ; mais les deux premières nations paroissent faire de vains efforts pour y introduire des cultures utiles, et pour y former un commerce étendu. La discorde a surtout régné dans la colonie françoise du Sénégal. Parmi les Danois, plusieurs particuliers ont établi avec succès diverses sortes de culture, entre autres du coton et des végétaux alimentaires ; mais leur gouvernement, soit défaut d'énergie, soit embarras pécuniaire, n'a pu soutenir ni protéger ces possessions dont on dit même qu'il a désiré se défaire, vu que l'entretien d'une petite force militaire surpasse de beaucoup tous les avantages que le Danemarck peut espérer d'en tirer. Il vaudroit pourtant la peine, surtout pour une nation aussi bien vue des nègres de la côte que le sont les Danois, d'essayer un effort vigoureux pour se créer ici une source de richesses publiques et particulières ; ce qui doit être possible en pénétrant vers l'intérieur, en exploitant les mines qui y doivent exister, et en employant les indigènes, non seulement à des cultures, mais encore à des manufactures qu'on établiroit dans les factoreries fortifiées.

Les Portugais et les Espagnols continuent toujours l'épouvantable trafic des nègres. Les îles

Bissagos , l'embouchure du Rio Grande , l'île San Thomé et les côtes d'Angola en sont le théâtre. Ces deux nations s'en sont réservé le droit dans certaines limites. L'Espagne devoit y mettre un terme en 1820; mais des voix imposantes se sont élevées dans les cortès pour le maintien d'un genre d'importation , « nécessaire, disent-elles, à la prospérité toujours croissante des îles de Cuba et de Porto-Rico , à laquelle les Anglois portent plus d'envie qu'ils n'éprouvent de pitié pour les nègres. » Le Portugal paroit même déterminé à maintenir à jamais la transportation de ses sujets d'Afrique dans ses états d'Amérique. Avec de semblables appuis et exemples , il est difficile d'empêcher les particuliers des autres nations de prendre part à ce commerce. Les Anglois cherchent , au moyen d'une croisière , à maintenir l'abolition décrétée au congrès de Vienne. Mais plus les vaisseaux-négriers sont exposés aux visites des croiseurs anglois , et plus ils visent à rendre leur lucre immense et leur condamnation difficile; dans ce but, on les a vus entasser les infortunés esclaves dans des tonneaux où ils ne pouvoient se mouvoir, et, à l'approche d'un bâtiment anglois, les rouler dans la mer. Souvent aussi les vaisseaux - négriers se battent contre ceux qui veulent les arrêter; et, dans ce cas, l'équipage se forme une espèce de rempart des corps des esclaves enchaînés. Le mode même d'enlever et d'emmener les Africains est devenu plus barbare à mesure que le commerce est moins sûr.

C'est ici le lieu naturel de dire quelques mots sur les rapports entre l'Europe et les îles des Indes occidentales, considérées comme colonies à esclaves et à sucre. Excepté cette dernière denrée, il paroît prouvé que les productions de l'archipel américain peuvent être avantageusement cultivées par des bras européens ou du moins libres. Mais l'augmentation rapide de la production du sucre, tant en Amérique qu'au Bengale et à Java, en a déjà réduit tellement le prix que, vu la cherté des nègres, le bénéfice du cultivateur a cessé d'être un appât séduisant. Toutes les autres cultures coloniales sont aussi beaucoup moins lucratives qu'avant l'époque de la révolution. Dans beaucoup d'années, le défaut de consommation et la surabondance des denrées ont produit des pertes considérables. Les gouvernemens n'osent pas imposer des droits élevés à une branche d'industrie déjà souffrante; et l'intérêt qui lie l'Europe à ce genre de colonies, va donc en s'affoiblissant.

Si la canne à sucre ( peut-être préférablement celle des bords de la mer Caspienne ) étoit cultivée en Sicile, en Égypte, en Syrie, les îles de Christophe Colomb ne vaudroient plus une occupation militaire, toujours précaire et subor-

donnée à la volonté d'une puissance navale pré-
pondérante.

Or, sans cet appui d'une force militaire européenne, les colons ne pourroient guère se maintenir contre une immense population nègre, enflammée par l'exemple de Saint-Domingue, accou-
tumée aux armes à feu, et qui, aux vices inhérens
à une race barbare, a joint ceux de la civilisation.

C'est au milieu de tant de dangers pour les
Indes occidentales que l'ile de Saint - Domingue
vient d'être la scène d'une nouvelle et grande
révolution. *Christophe*, qui se nommoit « *le roi
Henri I<sup>er</sup>,* » a péri de la mort la plus naturelle
où puisse aspirer un tyran. Ce nègre, d'un caractère ferme, mais dénué de toute humanité, avoit
fait fléchir sous son sceptre de fer l'humeur in-
docile de ses compatriotes africains ; son gouvernement, quoique décoré de tout l'éclat de titres
et de dignités dont s'amusent les cours de la
vieille Europe, n'étoit pourtant au fond qu'un
despotisme aussi absolu et aussi barbare que celui
des rois de Dahomey ou de tel autre prince africain. Couvert du sang d'innombrables victimes ,
Christophe maintenoit pourtant son odieux pouvoir ; et ce ne fut que lorsqu'une maladie l'eut mis
lui-même dans l'état le plus languissant , que les
mécontens osèrent éclater. A la nouvelle de la
défection de ses troupes, le tyran se donne la
mort d'un coup de pistolet. Alors le peuple et

la soldatesque pénètrent sous les voûtes de ce
palais d'où sortoient naguère des ordres irrésistibles ; on traîne le corps de Christophe sur un
coin des remparts où il est abandonné tout nu,
mais sans que personne eût osé le mutiler, tant
le souvenir de sa puissance comprimoit encore la
fureur de la multitude. Des individus de sa famille l'ont en secret couvert d'un peu de terre ;
mais un voyageur américain vit encore, six se-
maines après, le visage du tyran qui, tout dé-
composé, lui parut présenter encore une physio-
nomie effrayante.

La partie de Saint-Domingue ( ou Haïti ), qui
formoit le *royaume* de Christophe, est maintenant réunie à la *république* dont le général Boyer
est le président, et dont la constitution, très-
démocratique, ne laisse que peu de pouvoir au
gouvernement central. Boyer, homme doux,
instruit et habile, a senti que l'existence de l'état
dont il est le premier magistrat ne pourroit se
consolider que par un traité qui lui assureroit une
reconnoissance formelle de la part de la France.
Le droit rigoureux de reprendre Saint-Domingue
ne sauroit être contesté à la France ; son droit
de souveraineté ne sauroit être douteux, et les
moyens d'y rentrer sont encore plus forts que
ne le pensent les amis des nègres. Nous avons
perdu, il est vrai, la facilité que la division de
l'île entre un despote et une république offroit

pour profiter d'une guerre entre ces puissances, naturellement ennemies. Mais il seroit encore facile, avec quelque habileté politique, de susciter des schismes ouverts entre les divers cantons républicains. Enfin, la France a toujours le moyen et le droit de bloquer les ports de cette colonie rebelle, et par conséquent de réduire ceux qui l'occupent à un état de gêne et de dénuement auquel, avec leur goût pour les objets de commodité et de luxe, ils ne pourroient s'accoutumer (1).

Mais il n'est pas de l'intérêt de la France de faire valoir rigoureusement ses droits de souveraineté sur Saint-Domingue. Elle peut avantageusement les céder en tout ou en partie; elle peut aussi honorablement les échanger contre une somme d'argent qu'elle a pu, au commencement du dix - huitième siècle, vendre la petite île de

______

(1) Il est ridicule de supposer, avec le vulgaire des raisonneurs politiques, que l'Angleterre s'opposeroit à l'exécution de projets semblables. L'Angleterre a jusqu'à présent rempli consciencieusement le traité de 1814 : peut-on craindre qu'elle violeroit l'article relatif à Saint - Domingue ? Quel seroit son motif ? Peut - elle vouloir proclamer le principe de la révolte des nègres ? Les foibles profits du commerce avec les nègres, profits partagés avec les États-Unis et les Danois, ne peuvent pas influer sur une détermination politique d'un grand cabinet. Toute cette supposition n'est qu'une calomnie gratuite.

10.

Sainte-Croix au Danemarck. Or, le président Boyer a, dit-on, trouvé 40 millions de piastres dans le trésor de Christophe, et il offre cette somme en tout ou en partie à la France pour prix de la cession des droits de souveraineté. Cette offre mérite sans doute la plus sérieuse attention. Il est d'une saine politique de l'écouter avec bienveillance, de la discuter avec égards, et de prêter la main à tout ce qui pourroit en faciliter le succès; car une semblable négociation même, en ne pas réussissant pour la première fois, laisseroit dans l'esprit des habitans actuels de Saint-Domingue une impression favorable au gouvernement françois, impression qui, un peu plus tard, pourroit amener de nouveaux rapprochemens. Si la somme n'est pas jugée suffisante, ne pourroit-on pas espérer de faire comprendre aux chefs des nègres qu'une république aussi foible que la leur, sans perdre sa liberté intérieure, gagneroit en sûreté et en bonheur, si elle reconnoissoit la protection de la France, et par conséquent n'admettoit dans ces ports que le pavillon françois ?

Tout arrangement semblable entre la France et la république d'Haïti auroit, pour l'une et l'autre des parties contractantes, les résultats les plus salutaires. Le commerce françois recouvreroit sans coup férir tous les profits qu'il tiroit de l'ancienne colonie; l'exportation des objets manufacturés seroit même plus considérable qu'au-

trefois, attendu que des colons libres en con-
sommeront plus que des esclaves. Les Haïtiens,
par la protection de la France, se verroient dé-
livrés des pirates qui infestent impunément leurs
rivages. Il pourroit être jugé plus avantageux pour
la France de maintenir l'indépendance de Haïti,
afin d'ôter aux autres puissances, dans des guerres
futures, tout motif pour envahir la colonie, qui
d'ailleurs ne peut être mieux défendue que par de
soldats libres et indigènes.

Un objet essentiel pour amener cette réconci-
liation, seroit de tranquilliser les Haïtiens sur
tout retour de l'esclavage, et par conséquent de
ceux qui ne peuvent pas concevoir une colonie
sans esclaves. Je veux parler de quelques anciens
colons, hommes fort dignes de respect et d'in-
terêt, mais dont les inutiles vœux pour le rétablissement de l'ancien ordre de choses à Saint-
Domingue peuvent empêcher ou retarder tout
arrangement avec les nègres, en semblant prescrire impérieusement au gouvernement une guerre
de conquête. Il est cependant évident que le droit
public et privé ne leur en donne pas même le
prétexte. Les colons dépossédés sont sujets de la
couronne, et ne peuvent pas refuser de se soumettre aux lois de l'état; ce sont des sujets auxquels l'état ne peut pas rendre leurs propriétés,
et auxquels, par conséquent, il doit d'équitables
dédommagemens. Voilà ce qu'ils ont droit de de-

mander. Sans doute, l'immense majorité des colons dépossédés accepteroit avec joie les indem-
nités qui pourroient résulter de la somme offerte
par la république d'Haïti.

Que pourroit-on opposer à ces considérations
de haute politique ? .... Le dangereux exemple
d'une révolte légitimée ! ..... Mais il est notoire
que les nègres ne se sont jamais *révoltés*, dans le
vrai sens du mot ; ils ont exécuté des lois d'état
qui leur étoient imposées par l'autorité à laquelle
la France elle-même obéissoit ; ce sont les décrets
des assemblées nationales françoises ; ce sont les
commissaires du roi de France qui ont les premiers
brisé les chaines des esclaves, renouvelé tout
l'ordre civil de la colonie, soulevé toutes les espérances, armé toutes les passions et préparé jusqu'aux élémens de l'indépendance. Ce ne sont pas
les nègres qui ont fait la révolution ; ils s'y sont
soumis ; et, une fois placés dans leur nouvelle situation, ils ont eu le *droit* de s'y maintenir. Toutes les
scènes de désolation qui ont souillé l'histoire des
années suivantes , ont été d'abord l'ouvrage des
révolutionnaires blancs ou mulâtres , et ensuite
le résultat nécessaire de cette funeste expédition
entreprise pour reconquérir l'ile, et qui, en man-
quant son but, devoit enflammer le courage et
exaspérer la haine de ceux qu'elle menaçoit de
la perte de leurs droits et de leur liberté.

Telle est l'opinion d'un des hommes les plus

distingués qui aient écrit sur les révolutions de
Saint - Domingue, le général Pamphile Lacroix.
Ce langage de l'impartiale justice dans la bouche
d'un brave guerrier, d'un habile homme d'état,
qui fut témoin oculaire des scènes qu'il décrit,
doit peser plus dans la balance politique d'un
roi sage et bon, d'un monarque législateur, que
les vaines déclamations de quelques hommes do-
minés par l'orgueil et l'intérêt.

Toussaint-Louverture, dont M. le baron Lacroix trace le portrait, étoit certainement un de
ces hommes extraordinaires que l'union des grands
talens et des grandes vertus appelle à régner sur
leurs semblables. La France et l'humanité déplo-
reront long-temps la conduite aussi inhumaine
qu'impolitique par laquelle Napoléon , d'après
les mauvais conseils des colons, répondit aux
généreuses propositions de cet immortel nègre ,
le Moreau, le Washington de sa race.

Le président Boyer, qui, par les principes
sages de son gouvernement, rappelle la mémoire
de Toussaint-Louverture, n'a pas à négocier avec
un usurpateur orgueilleux et inhumain ; il trouve
sur le trône de France le père légitime de la grande
famille françoise ; ses nobles vœux pour le bonheur de Haïti ne seront pas déçus.

Si, par une convention quelconque, la France
et son ancienne colonie se réconcilient , nous
espérons voir le gouvernement de Saint-Domingue

ouvrir une issue à tous ceux parmi les nègres que tourmenteroit l'ambition politique ou militaire. Qu'ils retournent en Afrique, et que là, unis à des François de la même humeur, ils partent des bords du Sénégal pour aller découvrir, en les conquérant, les royaumes qu'arrose le Niger ! Toutes les nations de la Nigritie ne sauroient résister à une semblable armée, ne fût-elle que de 3 à 4,000 hommes. Les troupes haïtiennes sont très-avancées dans la discipline et la tactique européenne, elles n'auroient rien à craindre du climat africain. L'empire qu'elles iroient fonder à Tombouctou, à Haoussa, seroit toujours *un pays françois*, puisque les Haïtiens ne parlent d'autre langue. Voilà une grande et salutaire conquête que la France pourroit devoir à la paix avec Saint-Domingue.

Les mers de l'Inde et de la Chine voient toujours flotter en dominateur le pavillon britannique. La politique, aussi éclairée qu'ambitieuse de la compagnie des Indes, mesure chaque obstacle, prévoit chaque danger, découvre chaque source de bénéfice; elle forme des liaisons avec l'Égypte, avec l'Abyssinie et l'Yémen, pour s'assurer le commerce de la mer Rouge; elle soutient la petite puissance navale de l'iman de Mascate (1), qui ne sauroit lui faire ombrage et qui

(1) *Voyez*, dans le Vol. VIII des Nouvelles Annales, l'*Histoire de Seyd-Sayd.*

tient en séquestre les ports de l'Afrique orientale
( Zanguebar, etc. ), ainsi qu'une partie des côtes
de l'Arabie , où d'autres nations européennes
pourroient avoir le désir de s'établir ; elle purge
le golfe Persique des pirates arabes qui , en l'in-
festant , interceptoient au commerce de Bombay
la route de Bassora ; c'est elle qui maintiendra
aussi long-temps que possible l'équilibre de deux
monarchies entre lesquelles la Perse est partagée;
tandis que les ambassadeurs anglois paroissent
avec éclat à Caboul et à Téhéran , des officiers
audacieux et instruits parcourent ces déserts du
Mékran , où , depuis Alexandre , aucune armée
européenne n'a pénétré. Dans l'Inde même , la
puissance politique angloise se consolide à la fois
par les moyens de la douceur et par ceux de la
force ; l'ordre administratif, établi dans les provinces soumises à la domination immédiate de la
compagnie, y produit un état de tranquillité et
de prospérité qui étonne les autres nations de
l'Inde encore exposées aux rapines des sultans
et des nabobs indigènes; le revenu de la compagnie
s'accroit en même temps que les préjugés nationaux des Hindous diminuent(1) ; d'une autre part,
depuis la dispersion des Pindaris (2), depuis la

(1) *Voyez* ci-après l'article *sur les Missions angloises,*
dans le *Bulletin.*

(2) *Voyez* Nouvelles Annales des Voyages, Vol. V,
pag. 355.

destitution du Peichwa et l'enlèvement de l'artillerie de Scindiah, il n'existe pas un seul point de réunion où puissent aboutir les vœux, les intrigues, les mouvemens des princes et chefs indiens mécontens et ambitieux. Une coalition contre le pouvoir anglois, ou une révolution nationale sous un grand homme indien, est donc au rang des événemens les moins probables pour l'époque présente, quoique, sans doute, à une époque éloignée, la civilisation perfectionnée, introduite par les Anglois, doive amener ou l'un ou l'autre. Au milieu de tant de prospérités, la politique du marquis d'Hastings (lord Moira), qui actuellement gouverne ce vaste empire, n'oublie pas les agrandissemens qui restoient encore à faire. Les nations belliqueuses des montagnes de Népaul, de Kémaoun et autres, sont tenues en observation par des corps anglois qui, dans ces régions, retrouvent l'air salubre de l'Europe. En même temps nous voyons une armée angloise marcher dans le *Sindh,* ce delta de l'Indus où des frères ennemis se disputent un trône, jusqu'ici peu important, mais où des Européens, en profitant de la situation géographique, peuvent établir un royaume florissant, tant par l'agriculture que par le commerce et la navigation. En bien réfléchissant sur ces deux mouvemens simultanés des armées angloises, il est impossible d'en méconnoitre le but définitif.

La compagnie angloise veut enfermer toute l'Inde, depuis les monts Himalaya, depuis les vallées de Cachemire et de Népaul, jusqu'à l'embouchure de l'Indus et jusqu'au cap Comorin, dans une chaîne de positions militaires, afin d'y exercer un empire non contesté, et dont aucune autre puissance ne pourroit même aspirer à envahir la moindre portion.

Le but est immense, mais il est presque atteint; les moyens sont proportionnés à l'entreprise; aucune puissance ne peut susciter des obstacles sérieux : mais le difficile sera de conserver et même d'exploiter un empire aussi étendu et aussi riche.

Déjà les Américains, spéculateurs infatigables et qui ne dédaignent rien, se sont fait les voituriers du commerce des Indes britanniques. Dans l'impossibilité de tout apporter ou exporter eux-mêmes, les Anglois sont forcés, pour l'intérêt même de leurs possessions, d'y admettre le pavillon des autres nations. Mais les Américains sont allés plus loin : ils se sont introduits à Canton, où la compagnie angloise auroit bien voulu trafiquer seule avec la Chine. On délibère toujours à Londres sur le seul moyen connu d'arrêter les progrès des Américains; c'est de rendre la navigation de ces mers entièrement libre pour tous les sujets anglois. On pense que, grâce à cette mesure, toutes les productions de l'Inde et de la Chine ne

scroient transportées en Europe que sur des bâtimens anglois, vu les avantages qu'ils auroient sur
les Américains ; car, à l'égard des objets qu'on
tire de la Chine, le thé, qui en est l'article principal, se débite surtout en Angleterre et dans le
Nord, où les marchands anglois dominent ; à
l'égard des productions de l'Inde, un Anglois auroit toujours le moyen de les obtenir à meilleur
marché à Calcutta ou à Madras qu'un étranger ;
il semble donc que la libre concurrence de tous
les navigateurs anglois au commerce de l'Inde et
de la Chine assureroit à l'empire britannique, à
la nation en masse, un avantage décidé sur les
concurrens étrangers.

Nous croyons qu'on ne peut opposer à ces raisonnemens que des argumens illusoires ; cependant la compagnie des Indes, en convenant de
l'utilité de l'admission libre de tous les Anglois à
tous les genres de commerce dans les Indes, prétend que le même principe, appliqué au commerce de la Chine, commenceroit par y ruiner
les affaires de la compagnie, et finiroit par y dé-
truire le commerce anglois tout entier. Il faut,
dit-on, à Canton, cet ordre, cet ensemble, cette
marche constante et uniforme qui n'appartient
qu'à une compagnie à monopole. Il nous paroit, à
la vérité, très-naturel que le *Hong* ou la compagnie
chinoise privilégiée de Canton s'entende très-bien
avec une compagnie privilégiée européenne ; ce

sont deux grandes maisons de commerce qui ont d'anciennes liaisons, d'anciennes intelligences; peut-être le public ne connoît-il pas tous les détails de ces liaisons, de ces intelligences : mais comment se fait-il que les Américains, agissant comme spéculateurs isolés, réussissent si supérieurement dans le commerce de Canton?

La liberté de la presse, établie dans les Indes britanniques par la haute politique du marquis d'Hastings et de M. Canning, produira bientôt un faisceau de nouvelles lumières relativement à ces questions plus ardues, plus compliquées et plus étendues que ne le pensent les légers écoliers du déclamateur Raynal.

Tant que les Anglois n'auront pour rivaux que des François de l'école de Raynal, de De Pradt, de Volney et de leurs semblables, ils n'auront pas besoin des grandes conceptions politiques. Mais ne peut-il pas naître en France un homme de génie qui parvienne au ministère de la marine et des colonies? D'autres nations ne peuvent-elles pas entrer dans l'immense carrière que présentent les Indes?

Un coup d'œil sur la carte nous apprend que des contrées très-vastes et très-fertiles dans l'est de l'Asie ne sont pas encore soumises à l'influence des Anglois. La péninsule à l'est du Gange ( que nous avons nommée *Indo-Chine* ), l'empire chinois, celui de Japon, et ces innombrables archi-

pels que la science et le goût désignent généralement sous le nom d'*Océanie*, sont-ils donc
remplis de colonies, de factoreries, de garnisons
angloises? Je ne vois que de loin en loin quelques
jalons posés par le génie prévoyant et actif de la
politique angloise ; c'est la plantation de poivre,
de muscades et de girofles à Bencoulen, en Sumatra ; c'est l'intéressante île de Poulo-Pinang,
acquise à l'Angleterre par le patriotisme d'un capi-
taine marchand ; c'est l'occupation de la superbe
position de Sincapora sur le détroit de Malaca,
conseillée et exécutée par le savant et habile
Stamford-Raffles, et qui, si l'Angleterre y per-
siste, rendra la possession de la ville de Malaca
inutile aux Hollandois ; c'est la croissante colonie
de la Nouvelle-Galles du Sud, dont les limités
viennent encore de s'agrandir par les courses
de M. Throsby, successeur de M. Oxley, qui a
découvert, à l'ouest des Montagnes-Bleues, un
lac considérable nommé *Werrewah* par les indigènes ; c'est la mission d'Otaïti et celle de la
Nouvelle-Zélande qui ont déjà converti des peuplades entières au christianisme, en les accou-
tumant en même temps aux arts et aux mœurs
de la vie civilisée. Ces chainons épars se lieront
dans un siècle d'ici, et alors un vaste réseau de
postes anglois enveloppera l'Océanie. Les *hommes
d'état* du continent se plaindront alors, comme
aujourd'hui, de l'ambition britannique. Rien ce-

pendant n'empêche les autres nations de fonder des colonies dans les immenses intervalles qui séparent encore ces établissemens anglois; mais il faudroit que les ministres et les chefs de bureau sur le continent eussent autant d'idées sur la politique coloniale qu'un simple négociant dans la cité de Londres, et autant d'activité patriotique qu'un jeune *midshipman*.

La France est appelée, par beaucoup de souvenirs, à jouer un rôle dans le commerce de ces mers orientales, où elle peut retrouver tout ce qu'elle a perdu dans l'Inde, en-deçà du Gange. Il faudroit seulement écouter les négocians éclairés et instruits, tels qu'un Blancard à Marseille, un Balguerie à Bordeaux, des savans observateurs tels que les Charpentier-Cossigny, les Lescallier, les Poivre, et d'autres dont les annales maritimes conservent la mémoire, mais qui pendant leur vie sont d'ordinaire peu consultés.

Il est juste de consigner honorablement les mesures prises par le gouvernement françois pour ouvrir des communications avec la Cochinchine, pays où l'évêque d'Adran a rendu le nom françois respectable, y a envoyé des missionnaires et un agent consulaire; on a favorisé dans le tarif de douanes l'importation des sucres cochinchinois; mais on n'a pas encore formé un établissement militaire sur cette côte où il y a de beaux ports et des positions d'une défense facile sur lesquels la France,

par le traité de l'évêque d'Adran, avoit acquis
des droits. Or, par suite de la situation hydro-
graphique de la Cochinchine, toute entreprise
pour s'y introduire est si patente, si propre à
exciter l'attention et la concurrence des autres
nations, qu'elle doit être promptement achevée
pour ne pas courir des risques.

Nous nous bornerons à rappeler le *Mémoire* con-
tenu dans les anciennes *Annales des Voyages*, etc.,
sur l'île de Formosa et les îles qui en sont voisines. Les Anglois paroissent fixer les yeux sur
ces régions, et plus particulièrement sur les îles
Lieukieu, séjour d'une peuplade paisible, inno-
cente, sans richesses superflues et presque sans
moyens de défense; c'étoit précisement le point
où, selon notre projet, devoit commencer l'établissement. La découverte d'un port excellent
(celui de *Napakiang*) est décisive en faveur de
ces îles, d'où l'on peut, avec une égale facilité,
former des entreprises sur les côtes du Japon,
de la Corée, de la Chine et de Formosa. Il y a plus
d'un moyen, soit de tromper, soit de dompter l'orgueil inhospitalier des Chinois et des Japonois.
Les Hollandois seuls ont à présent, comme autrefois, le droit de venir à Nangasacki faire un
commerce très-borné, mais qui probablement
doit leur offrir une grande perspective pour l'a-
venir, puisqu'ils se soumettent patiemment aux
insultes méthodiques des autorités japonoises. La

Russie, après avoir en vain tenté de s'introduire dans le Japon, semble fixer son attention sur les îles Kuriles et sur celle de Yesso, où il sera facile à un *poulk* des cosaques de Sibérie de braver toutes les ordonnances imposantes et toute la mauvaise artillerie de l'empire japonois. Nous n'avons pas, dans le cours de l'année 1820, entendu parler de cette bande de pirates chinois qui bravoit depuis long-temps le *céleste empire*. Il est probable qu'elle existe encore; elle offre un élément utile à une entreprise qui auroit pour but d'envahir quelques parties de la Chine.

Une grande révolution, n'en doutons pas, menace d'un moment à l'autre les parties orientales de l'Asie, et surtout les grandes et superbes îles qui bordent ce continent. Les armes ou la politique européenne y pénétreront. Nous avons, depuis douze ans, tracé le plan que la France pourroit suivre pour en profiter (1).

Les *Pays-Bas* sont rentrés en pleine possession des anciennes possessions hollandoises à l'est du golfe de Bengale et de la mer des Indes. La magnifique île de Java, plus libéralement adminis-

___

(1) Dans un mémoire manuscrit, contenant les développemens de celui qui est imprimé dans les Annales, et accompagné de cartes et plans détaillés. Ce mémoire, remis entre les mains du chef du gouvernement d'alors, doit exister dans les dépôts du gouvernement, à moins qu'il n'en ait été enlevé en 1814 ou 1815.

trée par les Anglois, est revenue aux Hollandois bien mieux cultivée et bien plus peuplée qu'elle ne l'étoit au moment où ils la perdirent; la ville de Batavia est maintenant presque assainie, le gouverneur hollandois, *Vander-Capellen*, ayant achevé les desséchemens et les autres ouvrages projetés ou commencés par M. Stamford Raffles. Les petits rois de Célèbes, des Moluques, de la partie méridionale de Bornéo, après quelques disputes sanglantes, ont repris le joug du vasselage que la compagnie hollandoise leur avoit imposé; c'est du moins ce que disent tous les journaux des Pays-Bas; peut-être faut-il en rabattre quelque chose. Enfin, le sultan de Palembang, dans l'île de Sumatra, est le seul qui, parmi tous ces princes de l'archipel *malaïque*, ait osé refuser aux troupes des Pays-Bas l'entrée de ses états : stimulé, disent les Hollandois, par le gouverneur anglois de Bencoulen (M. Raffles), et aidé même par des artilleurs anglois, le monarque de Palembang s'est permis de renvoyer à coups de canon les commissaires royaux qui venoient de Batavia lui annoncer qu'il étoit de nouveau tributaire d'une nation européenne. Des négociations existent à ce sujet entre les cabinets de Saint-James et de La Haye; on croit que l'Angleterre renonce à toute prétention de maintenir l'indépendance de Palembang. En laissant les foibles Hollandois maîtres exclusifs de toutes les mers entre Malaca et la

Nouvelle-Guinée, entre Manille et Batavia, la politique angloise se montre plus habile encore que magnanime; elle sait que cet empire insulaire, quelque beau, quelque riche qu'il soit, quelques profits qu'il puisse procurer à la métropole, ne sera jamais assez puissant pour rivaliser avec les Indes britanniques; car, quand est-ce que la lente sagesse des Hollandois concevra le plan de s'attacher les indigènes, de les civiliser, d'en former de redoutables armées, comme les Anglois ont fait de leurs braves et fidèles cipayes? Quand est-ce que le timide et tiède patriotisme d'un administrateur batave pensera à construire des bâtimens de guerre en bois de *teak* ou à cultiver le lin de la Nouvelle-Zélande? L'Angleterre peut laisser les *Indes bataves* se consolider, s'arrondir, sans en avoir rien à craindre; mais cet empire hollando-asiatique exclut les autres nations européennes des îles malaies, et rend plus difficiles les établissemens qu'elles pourroient former dans les régions voisines. Assurément, ce ne sera pas l'Angleterre, mais les Pays-Bas qui éprouveroient de la jalousie et de la méfiance, si le Portugal s'avisoit de vouloir tirer un plus grand parti de ses possessions dans l'île de Timor et dans celle de Florie; si l'Espagne, fortifiant sa foible domination sur les Philippines, essayoit de réaliser les anciennes tentatives angloises sur les îles Soulou; si la France vouloit cultiver les épiceries dans la Nouvelle-Guinée; si le Danemarck renouveloit ses anciens projets de s'établir à Bornéo. En même temps les Hollandois semblent oublier qu'il y a un peu au sud de Java une immense terre, la *Nouvelle-Hollande*, sur laquelle ils ont le droit de première découverte et de première occupation; auroient-ils peut-être promis, par quelque article secret, de ne pas y penser? Mais non! L'Angleterre peut se fier à leur défaut d'activité.

Ainsi cet empire indo-batave, quelque imposant qu'il soit, lorsqu'on le compare aux insignifiantes possessions des Portugais, des Espagnols, des François et des Danois, n'est pourtant, vis-à-vis de la compagnie angloise des Indes, qu'une puissance secondaire, tolérée et précaire.

Nous avons parcouru toutes les régions lointaines où l'Europe a planté ses colonies; nous avons retracé les intérêts politiques qui résultent du conflit de ces établissemens; nous avons indiqué les chances probables qui menacent ou flattent ces intérêts. Il ne nous reste qu'à faire remarquer à nos lecteurs un nouveau point de vue sous lequel désormais la politique européenne doit considérer les établissemens coloniaux.

Le mal qui agite la société européenne, est un accroissement de forces physiques et de forces intellectuelles, hors de proportion avec les forces morales qui doivent imprimer à l'ambition, à l'amour des richesses, au désir des jouissances une direction conforme à l'ordre moral du monde. Sans cette direction, l'augmentation des produits de la culture, de l'industrie et du commerce, l'accumulation des signes représentatifs de ces valeurs, l'accroissement des revenus publics, le renforcement des armées et des flottes, n'est en définitif qu'une augmentation des moyens de faire des guerres injustes de gouvernement à gouvernement, ou des révolutions qui sont des guerres entre peuples et gouvernemens. Ce sont des sucs nourriciers qui, venant se corrompre dans un corps malade, ne font que donner plus d'intensité à la fièvre qui le dévore. Si les neuf dixièmes de la génération vivante sont pleins d'indifférence ou même de haine pour les institutions légitimes des divers pays de l'Europe ( et qui pourroit nier ce triste fait?); si un grand nombre d'hommes actifs, courageux et habiles, est disposé à commencer, à appuyer, ou du moins à seconder indirectement les révolutions violentes, et en général à tout ce qui peut embarrasser, affoiblir, avilir les autorités légitimes ( et qui oseroit encore nier ce fait déplorable ? ); c'est que, révolutionnaires ou indifférens, mécontens actifs ou passifs, tous ils ne voient dans les institutions qu'un obstacle à leurs désirs de richesse, de pouvoir et de considération; c'est qu'ils regardent nos établissemens politiques comme un héritage que certaines familles et un certain nombre d'individus, favorisés, exploitent à leur profit personnel et nullement à celui de la société; c'est qu'ils calculent la chance de voir sortir d'un bouleversement de la société politique actuelle une nouvelle société plus conforme à leurs interêts personnels. Qu'opposent les gouvernemens à cette corruption générale, à cet aveuglement universel? Hélas ! n'étant pas eux-mêmes exempts de cette corruption, de cet aveuglement, ne comprenant pas eux-mêmes les principes de la légitimité, dans leur vrai sens et tels que nous les avons exposés (1), ils défendent les institutions sociales, ce bien public des nations, comme si elles n'étoient que le patrimoine des gouvernans; ils ne le soutiennent que dans un intérêt personnel et par des moyens calculés d'après des vues étroites; les uns cherchent dans la douceur et la modération l'espoir d'une trève passagère avec le génie révolutionnaire qui n'a jamais accordé de trève que pour mieux assurer sa conquête; les autres, pleins d'un orgueil qui n'exclut ni la peur ni la bassesse, ne pensent qu'à maintenir ou rétablir par la simple force des armes un pouvoir absolu, et par conséquent illégitime; aucun d'eux ne saisit avec l'énergie et la promp-

_________

(1) *Voyez* le *Tableau de l'Europe au commencement de* 1820 *dans notre volume* IV.

titude nécessaires le seul moyen qui reste pour sauver l'ordre social et moral de l'Europe, *l'établissement complet et franc de la monarchie constitutionnelle* composée *de la royauté , de l'aristocratie et de la démocratie légitimes.*

L'opinion dominante en Europe étant parvenue au point de considérer les gouvernemens comme un *mal*, les institutions actuelles comme des *abus*, il est évident qu'en appelant une aussi grande portion des particuliers que possible à la participation au pouvoir gouvernant, on rend les nations elles-mêmes responsables du mal et des abus qu'elles ne pourront pas plus que les gouvernemens extirper entièrement de cette terre où nous sommes. L'autorité paternelle conserve tout ce qu'elle peut conserver en appelant les enfans, devenus majeurs, à résoudre eux-mêmes les difficultés dont la famille se trouve enveloppée.

Mais, pour rendre plus facile, plus paisible et plus exempte de dangers cette transition, désormais indispensable, que pourroient les gouvernemens européens désirer de mieux que de se débarrasser de la présence d'hommes turbulens, insatiables, et d'un caractère incompatible avec toute supériorité ?

Ouvrez donc une vaste carrière à toutes ces ambitions ; livrez-leur tout ce qui reste encore à conquérir dans des climats lointains ; encouragez à la fondation des colonies indépendantes

tous ceux qu'agite un esprit dominateur et créa-
teur ; donnez-leur des vaisseaux, des bataillons,
que dis-je, des flottes, des armées ; aidez à régner
chez les antipodes ceux dont l'absence vous ai-
dera à régner en Europe.

Des colonies nouvelles indépendantes sont un
moyen sûr et peu dispendieux de donner un
écoulement à ce trop plein d'ambitions gigan-
tesque qui troublent notre partie du monde.

Ces colonies nouvelles, devant être indépendantes, ne coûterout rien à entretenir, à défendre.
Mais devant être fondées par des hommes à sentimens exaltés, elles conserveront un vif attachement à la nation-mère ; leur commerce agrandira
le sien, et un jour peut-être leur jeunesse vigoureuse soutiendra sa vieillesse languissante.

**FIN.**

www.ingramcontent.com/pod-product-compliance
Ingram Content Group UK Ltd.
Pitfield, Milton Keynes, MK11 3LW, UK
UKHW020833120726
13693UKWH00002B/632